CHEKHOV

THREE STORIES

А.П. ЧЕХОВ
ТРИ РАССКАЗА

А.P. CHEKHOV
THREE STORIES

EDITED WITH INTRODUCTION,
NOTES AND VOCABULARY
BY L.S.K. LE FLEMING

RUSSIAN
STUDIES

PUBLISHED BY: BRISTOL CLASSICAL PRESS
GENERAL EDITOR: JOHN H. BETTS
RUSSIAN TEXTS SERIES EDITOR: NEIL CORNWELL

This impression 2002

First published in 1969 by Basil Blackwell Ltd.

This edition published in 1992 by
Bristol Classical Press
an imprint of
Gerald Duckworth & Co. Ltd.
61 Frith Street, London W1D 3JL
Tel: 020 7434 4242
Fax: 020 7434 4420
inquiries@duckworth-publishers.co.uk
www.ducknet.co.uk

© 1969, 1992 by L.S.K. le Fleming

A catalogue record for this book is available
from the British Library

ISBN 1 85399 329 8

Printed in Great Britain by
Antony Rowe Ltd, Eastbourne

TABLE OF CONTENTS

INTRODUCTION

There is more to Chekhov than meets a careless reader's eye.

A good indication of this is the confusion into which Chekhov's critics have led us. Which description suits him best, we may ask ourselves. Is he, as Merezhkovsky asserted, a 'bare-foot tramp' whose outlook on the world is 'the death not only of the body but also of the spirit', or is he essentially a comic writer, as Nevedomsky thought? Is he 'devoid of any general idea' as Protopopov argued, or is he an 'extreme idealist' as Skabichevsky concluded; and if he is, is he an 'optimistic idealist' (Volzhsky) or a 'pessimistic idealist' (Batyushkov)? Critics are fond of discovering their own philosophies in Chekhov and it is in answer to certain Soviet critics that Ilya Erenburg writes in his book «Пере-чи́тывая Че́хова»: 'Least of anyone am I inclined to equip him posthumously with the Marxist outlook'.

Bearing in mind that these critics are all intelligent men, the variety of their conclusions is most striking. With so much critical disagreement about him it is obvious that not everything in Chekhov is visible on the surface and that much has to be read between the lines. While his language is beautifully clear and simple, it is also laconic — many things are only hinted at. Those parts of the story which are left to individual interpretation, left unsaid, are known in Russian as подтекст, 'the sub-text'. Since it is not possible in the confines of a short story to give full circumstantial descriptions, Chekhov often leaves us to use our imaginations to supply the background and interpret his characters' actions and statements. We must be guided in this not by the opinions of the critics though we may use some of their detailed observations; the material on which to work is the text itself and the hints which Chekhov gives us. In this way we shall be able to form our own opinion of Chekhov's skill as a writer and of his ideas. To support our opinions we may refer to facts from his life and to statements he makes in his letters.

But first some brief generalisations about the three stories in this book. They were all written during the 1890s which is the period when Chekhov emerged as a writer of short stories equal to Maupassant's. Chekhov's early stories, written between 1880 and 1886, had served primarily to support his family while he was still a medical student and then as an occupation preferable to medicine. Chekhov seemed unaware that they possessed any serious literary merit. They were published in popular comic journals such as «Стрекоза», «Будильник» and «Осколки», whose editors refused any story that seemed to them too serious in tone. When in 1886 Chekhov received a letter from the respected Russian author D. V. Grigorovich telling him that he had talent and that he should not waste it, he was greatly surprised and flattered. We cannot be certain that it was the result of this letter alone, but over the next few years Chekhov developed a style of story-telling which is very different from that of the early stories. By the beginning of the 1890s and particularly after his visit to the penal settlement on Sakhalin Island in 1890 a more profound attitude to the phenomena and atmosphere of contemporary life makes its mark on his stories. From the anecdote, often comic, relating an incident in a character's life Chekhov turns more and more to extended depiction of his characters' spiritual development. The internal consequences of events occupy him more than the events themselves, and his characters' predicaments are related to life in a more general sense rather than to single events. This does not necessarily mean that the early stories are inferior, that they lack human sympathy or that the incidents described are untypical of contemporary life. It is true, however, that Chekhov's purpose in his early stories is to intrigue and often to amuse with the description of a cut-and-dried incident and that any sympathy we may feel for the characters is limited to this incident. In his later stories there is a greater awareness of society and its problems and of the long-term effects of these on individuals. The characters' lives are determined by the society they live in, which in these three stories, each basically a character study, is the educated middle class of the town — Chekhov's own class.

He died five years after the last of these stories appeared, in 1904. He was then forty four years old and at the height of his literary powers. (As a qualified doctor he had known since 1889 at least and probably earlier that he had tuberculosis, which was then incurable.)

* * * * *

Let us now take a closer look at each of these three stories.

The first of them, «Попрыгу́нья», appeared in January 1892 in the magazine «Се́вер». On reading it we may be struck by the bitterness of Chekhov's attack on Olga Ivanovna and her friends, yet when we look back we are unable to recall any passage with a statement of Olga's worthlessness, and even Dymov, her husband, never openly expresses his disappointment in her, only his love. Where does our feeling of indignation come from? There is, as already has been remarked, a great deal between the lines.

Take the opening chapter. We are given a description of the heroine Olga Ivanovna, her acquaintances and her husband. At first the passage seems innocent enough, but quite soon we begin to suspect that the author is not quite as impartial as he seems on the surface. The Soviet critic Yermilov has pointed out the significance of the little word это in the second sentence which gives to Olga's explanation of why she married Dymov a shade 'of flightiness, unexpectedness, caprice, of the flippancy of her marrying, of her flirtatiousness and of the superficiality of the admiration with which she is talking about her husband'. Well, this may be a great deal to attach to that one word; the moralising tone is Yermilov's own, one suspects, since Chekhov hardly ever criticised anyone for their morals, but the point is that the word это does tell us something about Olga's character.

As we read on we notice that some words and phrases are repeated and that on repetition their meaning seems to change. The phrase друзья и добрые знакомые sounds straightforward in the first sentence, but on repetition in the third paragraph it sounds suspiciously pompous: «А между тем Ольга Ивановна и её друзья и добрые знакомые были не совсем обыкновенные люди». Dymov has already been described as «очень обыкновенный» in the second paragraph, so the repetition of this adjective emphasises the contrast between him and Olga's circle, a contrast likewise evident from the description of Dymov as «ничём не замечательный человек» in para. 2 and the statement that of Olga's circle «каждый из них был чем-нибудь замечателен» in para. 3. As the generous praise of Olga's friends mounts up, so do our suspicions that it is all ironical. The tone of eulogy is maintained, however; the question «Ещё кто?» is rather deflating but we are soon launched on another exaggerated appreciation and by the end of the third paragraph the adjective замечательный has occurred yet again and we learn that the artist Ryabovsky has sold his last picture for 500 roubles, the sum already given as Dymov's annual income from his private practice. It is not until the final sentence of the third paragraph, to the effect that had Dymov been a writer his beard would have reminded them of Zola and not of a bailiff, that the essential shallowness of Olga's friends is explicity revealed. The revelation of Olga's own character is a more thorough process. It is, in fact, the theme of the whole story.

In spite of her artistic circle of friends and the central role of art in her life Olga is revealed as a philistine. When in chapter I she refers to her love for Dymov as «влюбилась адски» and to Dymov's of her as «врéзался по сáмые ýши» we are not yet sure that this is not just an affectation for the benefit of her friends. In the description of them in the first chapter phrases such as «виолончелúст, у котóрого инструмéнт плáкал» and «он производúл буквáльно чудесá» have reproduced the tone of the company's conversation and Olga while with them at least uses similarly bizarre terms to explain her marriage to Dymov. But as the story proceeds we discover that even her artistic activities are artificial, that she lives without sincere feelings or integrity and that she is absorbed in externals. The recurrence of the dress-maker in her thoughts underlines the importance to Olga of dress. She sends Dymov back to town for a dress when he has at last managed to join her at their dacha, and when she is away with Ryabovsky on the Volga she remembers first the externals of her life, her rooms, her social round and her dressmaker before she thinks of Dymov. When Dymov tells her he has diphtheria and she realises his life is in danger she automatically goes to look at herself in the mirror. She is quite blind to Dymov's qualities, talks about him as if he were just a face, treats him callously and is indifferent to his success as a scientist. The reason she married him is not made clear, though she was apparently flattered by his unexpected proposal. Her philistinism is given its ultimate revelation when she partly realises how great Dymov is but reverts, horrify-ingly unaffected by this realisation, to her trashy, superficial performance of life. Her wild words of despair do not convince, now that we know her; having made up her mind to start life anew she then starts thinking how dull it must be to be like Korostelyov and wonders what the doctors think of her apartment, (page 59, line 1). Nothing can penetrate her insensitivity (she and Ryabovsky quarrel in front of Dymov and neither notices that they are behaving badly); her art is bound therefore to be a failure.

It is not only what Olga says but also how she says it that reveals her character. Her speech consists largely of questions, exclamations and interrogative exclamations, all indicative of her emotionality. The essence of her character is expressed in her habit of jumping from one subject to another unexpectedly, losing the thread of her thoughts: «Nature morte, порт... — думала она, опять впадая в забытьё, — спорт... курорт... А как Шрек? Шрек, грек, врек... крек. А где-то теперь мои друзья? Знают ли они, что у вас горе? Господи, спаси... избави. Шрек, грек...» (р. 60, l. 8—9). This rhyming while Dymov is dying demonstrates the shallowness of Olga's grief. Her admiration of Dymov's face on pp. 29 (ll. 3—4), 31 (ll. 21—22), and 35 (ll. 20—22) is discovered to be empty when she uses a similar expression quite inappropriately to describe the telegraph clerk at the bottom of p. 38. Another phrase she seizes on is «этот человек гнетёт меня своим великодушием» and she uses it more because she thinks it sounds impressive than because she believes in it. The inappropriateness of her remarks is further evidence of her superficiality, lack of sincerity and love of pose.

Some of Olga's thought is contained in those parts of the story which are related in her words but inserted unobtrusively into the author's narrative. An example is the second paragraph of chapter V where the transition from author's narrative to Olga's direct speech is made smoothly without the necessity of acknowledging that it is her speech: «... воображе́ние уноси́ло её в теа́тр, к портни́хе и к знамени́тым друзья́м. Что-то они́ поде́лывают тепе́рь? Вспомина́ют ли о ней? ...» As in her actual direct speech, questions and exclamations predominate.

The character of Dymov is in direct contrast to Olga. Whereas she is all ostentation, Dymov is characterised by his constant meek smile. Her triviality and vulgarity are left to continue their influence on life; he, the positive influence on life, dies, though by the end of the story the words used in the second paragraph to describe him — о́чень обыкнове́нный и ниче́м не замеча́тельный — have acquired their reverse meaning and the paeans of praise to Olga and her remarkable friends have been thoroughly deflated. Chekhov thought of giving this story the title of «Вели́кий челове́к», but rejected it presumably because it was too pretentious and also because the story is about Olga and not Dymov; his function is to illuminate Olga's selfishness and insensitivity. In spite of his pleasantness his death is not very distressing since Chekhov has not concentrated on arousing our sympathy for him. Soviet critics, however, tend to see him as a figure of greater importance than Olga, a positive hero. Ideologically speaking, this is true, but as a psychological study he is far shallower than Olga. One of the few indications we have about his attitude to life is the thoughtfulness into which he is plunged when he listens to Nekrasov's song «Укажи́ мне таку́ю оби́тель, где бы ру́сский мужи́к не стона́л»; from this we deduce that he is democratically minded, but his ideas are not developed beyond an emotional level, a mood of sadness for the Russian peasant which harmonises with his own sadness after Olga's betrayal of him. Even in this he serves as a contrast to Olga, to emphasise her insensitivity. Dymov's death is not explicitly her fault, but this, too, reveals her character by her reaction to it.

Ryabovsky, also, is subordinated to the purpose of depicting Olga's character. Conceited and spoilt, he seduces Olga for amusement but soon tires of her. Neither of these processes evokes any reaction from him except the comic statement, «я устáл!» We have to judge him mainly as Olga sees him although on p. 50, l. 19 there is a remark which seems to originate from Chekhov telling us that one of his pictures is in fact good; however, the eulogistic tone suggests that this is Olga's thought included without acknowledgement into the narrative. Her opinion of him as an artist remains high and her love is rather more lasting than his. She seizes on the idea that she has been a good influence on his art in the final hope of holding onto him, (p. 50, ll. 5—7 and two lines from bottom; p. 55 bottom line), yet even here it helps to convey her selfishness: she is trying to justify her actions to herself, not to Dymov, and to save her vanity.

It is worth noting the neatness with which Chekhov indicates the progress of their affair. While he is still interested in her, Ryabovsky encourages her painting, (p. 37, ll. 7—8), and she imagines herself to be potentially a great artist, (p. 40, bottom para); but once bored he advises her to give it up, (p. 55, ll. 3—5). When he declares his 'love', the mood is induced by the beautiful night on the Volga; their depression descends just as soon as it rains. When they quarrel in front of Dymov and Korostelyov neither is ashamēd, but when he has found a successor to Olga and Olga arrives at his studio unexpectedly so that the other woman has to hide behind a picture, Ryabovsky is embarrased and polite, clearly anxious to avoid a scene which might upset his latest devotee. His refrain of «я уста́л!» concludes this point in their relationship (p. 54, one line from bottom, and p. 55, l. 6), just as it concluded his conquest of Olga (p. 43, l. 1) and their quarrel on the Volga (p. 46, l. 18). The imperative commands of which he is so fond, on the other hand, change from the imploring «люби́те меня́!» to the forbidding «переста́ньте!», «оста́вьте меня́!» and «не му́чьте меня́!»

It is typical of Chekhov that Korostelyov, the character who expresses thoughts which may be taken as closest to Chekhov's own, should be unprepossessing and dry. His speech, characterised by the pedantic little phrase «в су́щности», contrasts with the smart gloss of Olga's chatter and his unobtrusiveness with the ostentation of Olga and her friends. Against the tension of Dymov's death and Olga's demonstrations of grief, the very quietness and restraint of his despair hold our attention.

* * * * *

These remarks are only a personal reaction to Chekhov's characters and so are open to correction. The essential point about them, though, is that they were made on the basis of the characters' behaviour, on observation of their reactions to situations and to one another, not on the basis of the author's comments on his characters. In other words Chekhov's characters have to be judged just as people are judged in real life — by what they do and say; Chekhov does not speak about his characters, they speak for themselves.

To be convinced of this we must read many more of Chekhov's stories but it is possible to find confirmation of this point in several of his letters. For example, when Chekhov submitted his story about horse-thieves, «Вóры», to the journal «Нóвое врéмя», the editor Suvorin, a friend of his, criticised him for objectivity. Chekhov replied on April Ist, 1890 in these words: "You upbraid me for my objectivity, calling it indifference to good and evil, absence of ideals and ideas etc. You want me to say, when depicting horse-thieves, that horse-thieving is an evil. But this has been known for a long time without my saying it. Let the jury judge them, my job is only to show what sort of people they are. I write, 'you are dealing with horse-thieves, so realise that these are not beggars, but well-fed people, that they are dedicated to this cult. Horse-thieving is not simply theft, but a passion.' Of course, it would be nice to combine art with preaching but for me personally it is very difficult and almost impossible for technical reasons. To depict horse-thieves in 700 lines, you know, I have to speak and think in their tone and feel in their spirit the whole time, otherwise, if I add subjectivity, the characters will fall apart, and the story will not be as compact as all short stories should be. When I write I rely entirely on the reader to supply the subjective elements lacking in the story". From this it is clear that Chekhov expects the reader to supply not only his own moral judgement on the characters but that he should see these as people as well, not just as horse-thieves. Human sympathy is even more a personal affair than moral censure and Chekhov is well aware of the possibility of sympathising with the undisciplined Olga, who is a product of her society, while condemning her on rational grounds.

It is in fact society or the aspect of it which determined Olga's character which we should blame for Olga's faults. But before we rush in for the kill we should make sure that his representation of it is true to life. In this particular instance we are fortunate in knowing many of the facts and personalities on which this story was based. We can therefore make some comparison between the reality and the artistic presentation of it in the story.

The great Russian landscape painter Isaac Ilyich Levitan (1861—1900) had been a great friend of the Chekhov family since 1880 when he and Chekhov's brother had been art students together. His frequent romantic affairs were notorious and one, involving a mother and her daughter had ended with him trying to shoot himself. In the 1880s Chekhov had often been with Levitan to parties given every week by a certain D. P. Kuvshinnikov, a police doctor living in Moscow. His wife, Sofia Petrovna, was a painter who had informal lessons from Levitan. Their parties were attended by artists, writers, doctors and actors and though not particularly beautiful Sofia Petrovna was an interesting enough person to attract clever and intelligent people to her circle of friends. There was it seems more striving for effect than genuine originality in her, and when Kuvshinnikov appeared about midnight to invite the company to eat, she would call him by his surname and draw everyone's attention to his expressive face. Sofia Petrovna in company wth other Moscow artists used to make painting trips to the Volga and elsewhere in the summer. She spent one summer with Levitan on the Volga and the next with him near Zvenigorod; people began to gossip but her husband to whom she returned with tender greetings bore all in silence.

The accusations of calumny which followed publication of «Попрыгу́нья» in 1892 show that Chekhov had made a rare error of tact in reproducing these and other external correspondences. These correspondences are, however, only external; they have little to do with the personalities. The handsome, fair-haired Ryabovsky, artistically a near-nonentity, cannot be equated with the swarthy and brilliant Levitan, whose painting Chekhov greatly admired and some of whose work hung in his study. Kuvshinnikov was a modest police doctor with none of the scientific promise of Dymov, and Sofia Petrovna, for all her showing off, was not the insensitive Olga. She was also twice Olga's age. Artistically, too, she was more successful than Olga: one of her paintings has hung in the Tretiakov Gallery in Moscow. Her death, years later from typhus which she caught from the peasant family she was nursing, is even reminiscent of Dymov's.

Even from this precis it is clear that Chekhov has not taken reality as his ready-made material. What he has done in the process of creating the story is to alter reality to suit his ideas. To demonstrate more vividly the social consequences of Olga's behaviour

Dymov is seen as a tragic loss to society and Olga is shown as a worthless dilettante. The society which determines her character is depicted as shallow and trivial. Chekhov's artistic process has involved both a selection of what to relate and an intensification of the traits of character selected. Ideologically and aesthetically the drama of life has been made more acute.

* * * * *

The second story in this book, «Человек в футляре», was published in the journal «Русская мысль» in July 1898.

It is the most complex of the stories, being in the form of a narrative not by the author, but by one of the characters, the teacher Burkin. The central character of Belikov is seen through Burkin's eyes and we have to take Burkin's own character and position as narrator into account when assessing Belikov, and Burkin's character is partly revealed by the contrast with Ivan Ivanich. Of Burkin we know that he spends his holidays with the counts P. every year from habit, whereas Ivan Ivanich has come into the country in order to breathe some fresh air out of desperation at life in the town. Burkin in his narrative shows that he has a more light-hearted and less protesting nature than Ivan Ivanich, who criticises the intelligentsia for not resisting Belikov: «Да. Мыслящие, порядочные, читают и Щедрина, и Тургенева, разных там Боклей и прочее, а вот подчинились же, терпели... То-то вот оно и есть.» When Burkin has finished his story Ivan Ivanich again lights his pipe, which he does whenever he starts thinking, and launches into a tirade against the hypocrisy and triviality of town life, turning the individual Belikov into a social evil and concluding with the words «нет, бо́льше так жить невозмо́жно!» The milder Burkin then changes the subject, «Ну, уж э́то вы из друго́й о́перы, Ива́н Ива́ныч. Дава́йте спать.» Burkin is well aware of the evil Belikov represents and describes it vividly: having related how two boys were expelled from school on Belikov's insistence he continues, «Мы, учителя́, боя́лись его́. И да́же дире́ктор боя́лся. Вот поди́те же, на́ши учителя́ наро́д всё мы́слящий, глубоко́ поря́дочный, воспи́танный на Турге́неве и Щедрине́, одна́ко же э́тот челове́чек, ходи́вший всегда́ в кало́шах и с зо́нтиком, держа́л в рука́х всю гимна́зию це́лых пятна́дцать лет! Да что гимна́зию? Весь го́род!» A few lines later he goes even further in pursuing Belikov's social influence: «Под влия́нием таки́х люде́й, как Бе́ликов, за после́дние де́сять-пятна́дцать лет в на́шем го́роде ста́ли боя́ться всего́.» At the end of his narrative he sums up with sad resignation that after Belikov's funeral life went on just as before and that there will always be many more like him.

It is from Burkin that we hear of Belikov, but his thoughts are not Chekhov's. Compared with Ivan Ivanich Burkin is passive: he is in fact still afraid of Belikov and his successors and is not prepared to fight. We are given Ivan Ivanych's more penetrating comments to help compensate for Burkin's lack of protest.

As well as the ideas or lack of them in his story, the way in which he narrates the story helps to define his character. While the other two stories in this book are written in good literary language which is neither pedantic nor colloquial, «Человéк в футля́ре» is narrated in language which is styled to Burkin's background, his mood at the moment, the relaxed country atmosphere and the fact that he is trying to keep his story interesting for his companion. There are many colloquialisms which make the story difficult to translate, and the narrative is also full of Burkin's irony.

Burkin's antipathy makes his description of Belikov's sufferings heartless, though it may seem surprising that we should feel any sympathy for Belikov at all. What Burkin says about him is true. Belikov fears life, because life is a force which brings change and disturbance to the established order. His favourite expression, his refrain «как бы чегó не вы́шло», reveals these fears. He has therefore retreated from life and no longer understands it. He has ceased to live in the sense of feeling alive and happy; his life is a matter of fearful obedience. His logic has become absurd — he is ready to ban physical love — and on the rare occasions when he tries to think for himself the results are also absurd, as when he imagines the consequences of his fall downstairs, leading to his dismissal. He looks happiest when he is literally dead. Nevertheless Chekhov's sympathy extends to this terrified soul, victim of something approaching a persecution complex. His fears may seem to us absurd, but from his behaviour and his statements we can sense that to him they are very real.

While the story is in its form a narrative of Burkin's, the objective method of demonstrating Belikov's character and feelings by his reactions to events and in his thoughts and statements is definitely Chekhovian. The same method is used to give the brief sketch of Afanasy, Belikov's servant: a little background information about him and then a saying of his which reveals that he is an extension of Belikov — «мно́го уж их ны́нче развело́сь!» The word их refers to the growing number of people expressing their political discontent by the end of the 1890s; the previous decade had been a time of repression following the assassination of Alexander II in 1881, and Belikov and Afanasy are products of this period. Kovalenko and Varenka provide a comic contrast, their bicycles being a symbol of their modernity. Their conflict with Belikov is the source of much of the action.

Belikov's character is further illuminated by the external details of his dress: his overcoat, dark glasses, umbrella and galoshes. While the theme of the dry pedagogue dates back to Chekhov's own school days in Taganrog, where he lived until going to Moscow to study at the university in 1879, these details of dress are recorded in his diary in 1896 after a visit by the journalist Menshikov to the Chekhov household at Melikhovo, near Moscow: «М. в суху́ю пого́ду хо́дит в кало́шах, но́сит зо́нтик, что́бы не поги́бнуть от со́лнечного уда́ра, бои́тся умыва́ться холо́дной водо́й, жа́луется на замира́ние се́рдца», and are developed in his notebook: «Челове́к в футля́ре, в кало́шах, зонт в чехле́, часы́ в футля́ре, нож в чехле́. Когда́ лежа́л в гробу́, то каза́лось улыба́лся: нашёл свой идеа́л.» Even at this initial stage in the creation of the character, his habits of dress were indicative of his personality. Incidentally the character of Professor Serebryakov in «Дя́дя Ва́ня» is described by Vanya in the same way: «жа́рко, ду́шно, а наш великий учёный в пальто, в калошах, с зонтиком и в перчатках.» As with Olga in «Попрыгунья», habits of dress lead to the inner world of the character.

And as with «Попрыгунья», reality has provided the starting point for the story, but the characters and events are not just recorded; they are recreated to convey Chekhov's ideas about reality more clearly. In Belikov, Chekhov has created a character who, like Oblomov, epitomises the spirit of an age. In this case it is the spirit of repression, but the story is not without hope. A vision of the future, of a life of truth and beauty is evoked in the lyrical description of the sleeping village near the end of the story.

* * * * *

The third story, «Душечка», which was published in January 1899 in the journal «Семья», has been hailed by many writers as a perfect short story.

The neatness of its composition, the economy of words in relating the plot, the kindly humour are obvious. Also fairly obvious is the theme of Olenka's undiscerning devotion. Tolstoy, who read it aloud to his family several times after it appeared in his home, wept with laughter on rereading it three and a half years later and included it in an anthology of useful reading he compiled in 1905 called «Круг чтения». In this he added a postscript in which he defends Olenka. His views are worth hearing since they illuminate a burning question of the day, the emancipation of women, which we now take for granted. Of the story he writes, 'Kukin's surname is funny; even his illness and the telegram with the news of his death are funny, the timber-merchant with his pomposity is funny, the vet is funny and the boy is funny; but Olenka's remarkable soul and her ability to devote herself with all her being to the one she loves are not funny, but sacred. I think that in the author's reason, though not in his feelings, when he wrote «Душечка» there lurked some vague notion about the new woman, about her equality with man: mature, learned, working on her own no worse, perhaps better, than man for the benefit of society, this is the woman who brought up and now supports the question of emancipation, and he, when he began writing «Душечка», wanted to show what a woman should not be... But, once he started to speak, the poet found himself blessing what he had intended to curse. I, at any rate, in spite of the wonderful gay humour of the whole work, cannot read certain passages of this marvellous story without crying. I am touched by the story of how, with complete self-abnegation, she loves Kukin and everything he loves, and likewise the timber-merchant and the vet, and even more so of how she suffers when she is left alone with noone to love and of how finally she devotes herself with all the strength of her feminine emotion and her maternal feelings (which she had never experienced directly) to the boundless love of a future human being, the schoolboy in his huge cap.' The reason the story is so good, Tolstoy decides, is that it is unintentionally sympathetic.

Certainly Chekhov's sympathy for his heroine undermines the rational arguments he advances to a greater degree than in either «Попрыгунья» or «Человек в футляре». It is strange, though, that the author of «Анна Каренина» should still consider it a virtue of

Olenka's that she is passive and impartial, willing to accept any man rather than make the effort of choice or of trying to control her own destiny.

The story rests on Olenka's relations with her three men and with the little boy. In these relationships she reveals her malleability. The three men are contrasted in appearance, personality and profession but to her they represent one thing: an object for her affections, an object in life. Even the names she calls them by are similar: Ва́ничка, Ва́сичка and Воло́динка. Their role is to illustrate Olenka's character; they are not important in themselves and Chekhov kills the first two off with nothing but a faint smile.

So laconic indeed is the narration that the story seems at first almost bare. It looks as if the author had carried out such a drastic process of selection in deciding which actions and events were strictly necessary to the depiction of Olenka's character that he has left no more than a skeleton of a story. But the reaction of a reader with an active imagination like Tolstoy should warn us that this is a sensitive and convincing portrait. One source of the story's strength is the link between the three men which we have already mentioned—the contrast between them on the one hand and their similarity to Olenka as expressed in the names she calls them by. This is an example of Chekhov's use of the suggestive potential of words simultaneously with their lexical meaning. Another example is the use of associations linking Olenka's character with her house. Her character does not develop and she is also permanent in her links with the house. Her whole life is lived there, her husbands come to live with her in the house and she apparently earns a livelihood from letting rooms. She only leaves it to go and help her husbands at work, and when she is left on her own after the vet's departure she retreats into it and hardly ever goes out. When happiness returns with the little boy, the house gets its roof painted and Olenka becomes radiant so that people start calling her «ду́шечка!» again. The constant references to двор, фли́гель, крыле́чко and дом are not only background description but are also reflections of Olenka's longing for domestic stability and of her hospitable affections, ready to welcome someone, anyone into her life.

Her affectionate nature is displayed also in her use of diminutive forms: мальчи́шечка, моги́лка, ко́шечка.

In these ways words themselves help to bind the structure and link different points in the story. To understand fully the meaning and the beauty of Chekhov's stories we must look for and recognise the subtleties in Chekhov's use of language.

* * * * *

When critics write of Chekhov that he epitomises the 'Silver' age of Russian literature they are comparing him to the sumptuous 'Golden' age of the novels of Tolstoy and Dostoevsky. Whereas these gave a rich, complex and circumstantial description of life, Chekhov's picture of life is characterised by his artistic economy and the clarity he achieved by selection of what is significant to his theme from the mass of trivia which surround it in real life. He was also able to see that some trivia, dress, furniture, are significant to some themes. To the critics who, like Mikhailovsky, accused Chekhov of being cold-blooded, we must answer that they have confused indifference with objectivity: indifference is not caring about people; objectivity, to Chekhov, means guiding his readers' sympathies by selecting what to report and presenting it without his own pathetic emotions. What his characters feel is conveyed quite clearly by what they do and say, and to some extent by devices which create mood, such as the weather; on the Volga in «Попрыгунья», and in «Душечка» the rain which upsets Kukin, while in «Человек в футляре» a final passage of lyrical description brings in a note of optimism. The characters as types are revealed by what they feel or do not feel in given situations, and this, together with the realisation that the character is determined by the society in which he lives, makes it possible for us to sympathise with them as people while condemning them on social or rational grounds. H. E. Bates has put this rather better: 'His is by no means the attitude of the lawyer, but of the doctor... his receptivity, his compassion, are both enormous. Of his characters he seems to say, "I know what they are doing is their own responsibility. But how did they come to do this, how did it happen? There may be some trivial thing that will explain." Enjoyment of Chekhov comes largely from the discovery of this compassion.

Stephen le Fleming
Durham, 1969

GUIDE TO FURTHER READING

The definitive edition of Chekhov so far is the 30-volume complete edition published by the Academy of Sciences in Moscow in 1974-1983; for these and the comprehensive notes on them see:

A.P. Chekhov *Polnoe sobranie sochinenii i pisem v tridtsati tomakh, Sochineniia* vols 8 and 10, Nauka, Moscow, 1977.

There are no major studies of these particular stories, but comments on them will be found in biographies and critical monographs such as these:

Chudakov, A.P., *Chekhov's Poetics*, translated by Edwina Jannie Cruise and Donald Dragt, Ardis, Ann Arbor, 1983.

Gerhardie, William, *Anton Chekhov: A Critical Study*, MacDonald, London, 1974 (first published in 1923, but still revealing).

Hahn, Beverley, *Chekhov: A Study of the Major Stories and Plays*, Cambridge University Press, Cambridge, 1977.

(transl.) Heim, Michael Henry in collaboration with Simon Karlinsky, *The Letters of Anton Chekhov*, Selection, commentary and introduction by Simon Karlinsky, Harper & Row, New York, 1973 and The Bodley Head, London, 1973; paperback edition as *Anton Chekhov's Life and Thought*, University of California Press, Berkeley, 1976.

Hingley, Ronald, *Chekhov: A Biographical and Critical Study*, Barnes & Noble, New York, 1950 (paperback edition by Unwin Books, London, 1966).

Hingley, Ronald, *A New Life of Anton Chekhov*, Oxford University Press, London, 1976 (paperback edition as *A Life of Anton Chekhov*, Oxford University Press, 1989).

(transl. and ed.) Hingley, Ronald, *The Oxford Chekhov*, Oxford
    University Press, London (9 vols) 1964-1980 (see vols 6 and 9
    for these stories, translated as *The Butterfly*, *A Hard Case* and
    Angel; N.B. introduction and notes).
(ed.) Jackson, R.L., *Chekhov: A Collection of Critical Essays*,
    Prentice Hall, Englewood Cliffs, New Jersey, 1967.
Pritchett, V.S., *Chekhov: A Biography*, Hodder & Stoughton,
    London, 1988 (paperback edition by Penguin Books, London
    1990).
Rayfield, Donald, *Chekhov: The Evolution of his Art*, Paul Elek,
    London, 1975.
Simmons, Ernest J., *Chekhov: A Biography*, Little, Brown & Co.,
    Boston, 1962 (paperback edition by Chicago University Press,
    Chicago, 1970).
Troyat, Henri (translated by Michael Henry Heim), *Chekhov*, E.P.
    Dutton, New York, 1986; Macmillan, London, 1987 (paperback
    edition by Hamish Hamilton, London, 1987).
Tulloch, John, *Chekhov: A Structuralist Study*, Macmillan, London
    and Basingstoke, 1980.

in Russian:

Berdnikov, G.P., *A.P. Chekhov: ideinye i tvorcheskie iskaniia*,
    Goslitizdat, Moscow-Leningrad, 1961 (and later editions).
Gitovich, N.I., *Letopis' zhizni i tvorchestva A.P. Chekhova*,
    Goslitizdat, Moscow, 1955.
(ed.) Golubov, S.N. et al., *A.P.Chekhov v vospominaniiakh
    sovremennikov*, Goslitizdat, Moscow, 1960 (and later editions).
Kataev, V.B., *Proza Chekhova: problemy interpretatsii*, Izdatel'stvo
    Moskovskogo gosudarstvenngo universiteta, Moscow, 1979.
Polotskaia, E.A., *Chekhov: dvizhenie khudozhestvennoi mysli*,
    Sovetskii pisatel', Moscow, 1979.
Turkov, A.M., *Chekhov i ego vremia*, Khudozhlit, Moscow, 1980.

ПОПРЫГУНЬЯ

I

На свадьбе у Ольги Ивановны были все её друзья и добрые знакомые.

— Посмотрите на него: не правда ли, в нём что-то есть? — говорила она своим друзьям, кивая на мужа и как бы желая объяснить, почему это она вышла за простого, очень обыкновенного и ничем не замечательного человека.

Её муж, Осип Степаныч Дымов, был врачом и имел чин титулярного советника [1]. Служил он в двух больницах: в одной сверхштатным ординатором [2], а в другой — прозектором. Ежедневно от девяти часов утра до полудня он принимал больных и занимался у себя в палате, а после полудня ехал на конке в другую больницу, где вскрывал умерших больных. Частная практика его была ничтожна, рублей на пятьсот [3] в год. Вот и всё. Что ещё можно про него сказать? А между тем Ольга Ивановна и её друзья и добрые знакомые были не совсем обыкновенные люди. Каждый из них был чем-нибудь замечателен и немножко известен, имел уже имя и считался знаменитостью или же хотя и не был ещё знаменит, но зато подавал блестящие надежды. Артист из драматического театра, большой, давно признанный талант, изящный, умный и скромный человек и отличный чтец, учивший Ольгу Ивановну читать; певец из оперы, добродушный толстяк, со вздохом уверявший Ольгу Ивановну, что она губит себя: если бы она не ленилась и взяла себя в руки [4], то из неё вышла бы замечательная певица; затем несколько художников и во главе их жанрист, анималист и пейзажист Рябовский, очень красивый белокурый молодой человек, лет двадцати пяти, имевший успех на выставках и продавший свою последнюю картину за пятьсот рублей; он поправлял Ольге Ивановне её этюды и говорил, что из неё, быть может, выйдет толк [5]; затем виолончелист, у которого инструмент плакал и который откровенно сознавался, что из всех знакомых ему женщин умеет аккомпанировать одна только Ольга Ивановна; затем литератор, молодой, но уже известный, писавший повести, пьесы и рассказы. Ещё кто? Ну, ещё Василий Васильич, барин, помещик, дилетант-иллюстратор и виньетист, сильно чувствовавший старый русский стиль, былину и эпос; на бумаге, на фарфоре и на закопчённых тарелках он производил буквально чудеса. Среди этой артистической, свободной и избалованной судьбою компании, правда деликатной и скромной, но вспоминавшей о существовании каких-то докторов только во время болезни и для которой имя Дымов звучало так же безразлично, как Сидоров или Тарасов [6], — среди этой компании Дымов казался чужим, лишним и маленьким, хотя был высок ростом и широк в плечах. Казалось, что на нём чужой фрак и что у него приказчицкая бородка. Впрочем, если бы он был писателем или художником, то сказали бы, что своей бородкой он напоминает Золя.

Артист говорил Ольге Ивановне, что со своими льняными волосами и в венчальном наряде она очень похóжа на стрóйное вишнёвое деревцо, когдá веснóю онó сплошь бывáет покрыто нéжными бéлыми цветáми.

— Нет, вы послýшайте! — говори́ла емý Óльга Ивáновна, хватáя егó зá руку. — Как это моглó вдруг случи́ться? Вы слýшайте, слýшайте... Нáдо вам сказáть, что отéц служи́л вмéсте с Ды́мовым в однóй больни́це. Когдá бедня́жка отéц заболéл, то Ды́мов по цéлым дням и ночáм дежýрил óколо егó постéли. Стóлько самопожéртвования! Слýшайте, Рябóвский... И вы, писáтель, слýшайте, это óчень интерéсно. Подойди́те побли́же. Скóлько самопожéртвования, и́скреннего учáстия! Я тóже не спалá нóчи и сидéла óколо отцá, и вдруг — здрáвствуйте, победи́ла дóбра мóлодца[7]! Мой Ды́мов врéзался по сáмые ýши[8]. Прáво, судьбá бывáет так причýдлива. Ну, пóсле смéрти отцá он иногдá бывáл у меня́, встречáлся на ýлице и в оди́н прекрáсный вéчер вдруг — бац! — сдéлал предложéние... как снег нá голову[9]... Я всю ночь проплáкала и самá влюби́лась áдски. И вот, как ви́дите, стáла супрýгой. Не прáвда ли, в нём есть что-то си́льное, могýчее, медвéжье? Тепéрь егó лицó обращенó к нам в три чéтверти[10], плóхо освещенó, но когдá он обернётся, вы посмотри́те на егó лоб. Рябóвский, что вы скáжете об этом лбе? Ды́мов, мы о тебé говори́м! — кри́кнула онá мýжу. — Иди́ сюдá. Протяни́ свою́ чéстную рýку Рябóвскому... Вот так. Бýдьте друзья́ми.

Ды́мов, добродýшно и наи́вно улыбáясь, протянýл Рябóвскому рýку и сказáл:

— Óчень рад. Со мной кóнчил курс тóже нéкто Рябóвский. Это не рóдственник ваш?

II

Ольге Ивановне было двадцать два года, Дымову тридцать один. Зажили они после свадьбы превосходно. Ольга Ивановна в гостиной увешала все стены сплошь своими и чужими этюдами в рамах и без рам, а около рояля и мебели устроила красивую тесноту из китайских зонтов, мольбертов, разноцветных тряпочек, кинжалов, бюстиков, фотографий... В столовой она оклеила стены лубочными [11] картинами, повесила лапти и серпы, поставила в углу косу и грабли, и получилась столовая в русском вкусе. В спальне она, чтобы похоже было на пещеру, задрапировала потолок и стены тёмным сукном, повесила над кроватями венецианский фонарь, а у дверей поставила фигуру с алебардой. И все находили, что у молодых супругов очень миленький уголок.

Ежедневно, вставши с постели часов в одиннадцать, Ольга Ивановна играла на рояле или же, если было солнце, писала что-нибудь масляными красками. Потом, в первом часу, она ехала к своей портнихе. Так как у неё и Дымова денег было очень немного, в обрез, то, чтобы часто появляться в новых платьях и поражать своими нарядами, ей и её портнихе приходилось пускаться на хитрости. Очень часто из старого перекрашенного платья, из ничего не стоящих кусочков тюля, кружев, плюша и шёлка выходили просто чудеса, нечто обворожительное, не платье, а мечта. От портнихи Ольга Ивановна обыкновенно ехала [12] к какой-нибудь знакомой актрисе, чтобы узнать театральные новости и кстати похлопотать насчёт билета к первому представлению новой пьесы или к бенефису. От актрисы нужно было éхать в мастерскýю худóжника и́ли на карти́нную вы́ставку, потóм к комý-нибудь из знамени́тостей — приглаша́ть к себé, и́ли отда́ть визи́т, и́ли прóсто поболта́ть. И вездé её встреча́ли вéсело и дружелю́бно и уверя́ли её, что она́ хорóшая, ми́лая, рéдкая... Те, котóрых она́ называ́ла знамени́тыми и вели́кими, принима́ли её, как свою́ [13], как рóвню, и прорóчили ей в оди́н гóлос, что при её тала́нтах, вкýсе и умé, éсли она́ не разброса́ется, вы́йдет большóй толк [5]. Она́ пéла, игра́ла на роя́ле, писа́ла кра́сками, лепи́ла, уча́ствовала в люби́тельских спекта́клях, но всё э́то не как-нибýдь [14], а с тала́нтом: дéлала ли она́ фона́рики для иллюмина́ции, ряди́лась ли, завя́зывала ли комý га́лстук [15] — всё у неё выходи́ло необыкновéнно худóжественно, грациóзно и ми́ло. Но ни в чём её тала́нтливость не ска́зывалась так я́рко, как в её умéнье бы́стро знакóмиться и кóротко сходи́ться с знамени́тыми людьми́. Стóило комý-нибýдь просла́виться хоть немнóжко и заста́вить о себé говори́ть, как она́ уж знакóмилась с ним, в тот же день дружи́лась и приглаша́ла к себé. Вся́кое нóвое знакóмство бы́ло для неё сýщим пра́здником. Она́ боготвори́ла знамени́тых людéй, горди́лась и́ми и ка́ждую ночь ви́дела их во сне. Она́ жа́ждала их и ника́к не могла́ утоли́ть своéй жа́жды. Ста́рые уходи́ли и забыва́лись, приходи́ли на смéну им нóвые, но и к э́тим она́ скóро привыка́ла и́ли разоча́ровывалась в них и начина́ла жа́дно иска́ть нóвых и нóвых вели́ких людéй, находи́ла и опя́ть иска́ла. Для чегó?

В пя́том часý она́ обéдала дóма с мýжем. Егó простота́, здра́вый смысл и добродýшие приводи́ли её в умилéние и востóрг. Она́ то и дéло вска́кивала, порывисто обнимала его голову и осыпала её поцелуями.

— Ты, Дымов, умный, благородный человек, — говорила она, — но у тебя есть один очень важный недостаток. Ты совсем не интересуешься искусством. Ты отрицаешь и музыку и живопись.

— Я не понимаю их, — говорил он кротко. — Я всю жизнь занимался естественными науками и медициной, и мне некогда было интересоваться искусствами.

— Но ведь это ужасно, Дымов!

— Почему же? Твои знакомые не знают естественных наук и медицины, однако же ты не ставишь им этого в упрёк. У каждого своё [16]. Я не понимаю пейзажей и опер, но думаю так: если одни умные люди посвящают им всю свою жизнь, а другие умные люди платят за них громадные деньги, то, значит, они нужны. Я не понимаю, но не понимать не значит отрицать.

— Дай я пожму твою честную руку!

После обеда Ольга Ивановна ехала к знакомым, потом в театр или на концерт и возвращалась домой после полуночи. Так каждый день.

По средам у неё бывали вечеринки. На этих вечеринках хозяйка и гости не играли в карты и не танцевали, а развлекали себя разными художествами. Актёр из драматического театра читал, певец пел, художники рисовали в альбомы, которых у Ольги Ивановны было множество, виолончелист играл, и сама хозяйка тоже рисовала, лепила, пела и аккомпанировала. В промежутках между чтением, музыкой и пением говорили и спорили о литературе, театре и живописи. Дам не было, потому что Ольга

34

Ивановна всех дам, кроме актрис и своей портнихи, считала скучными и пошлыми. Ни одна вечеринка не обходилась без того, чтобы хозяйка не вздрагивала при каждом звонке и не говорила с победным выражением лица: «Это он!», разумея под словом «он» какую-нибудь новую приглашённую знаменитость. Дымова в гостиной не было, и никто не вспоминал об его существовании. Но ровно в половине двенадцатого отворялась дверь, ведущая в столовую, показывался Дымов со своею добродушною кроткою улыбкой и говорил, потирая руки:

— Пожалуйте, господа, закусить.

Все шли в столовую и всякий раз видели на столе одно и то же: блюдо с устрицами, кусок ветчины или телятины, сардины, сыр, икру, грибы, водку и два графина с вином.

— Милый мой метрдотель! — говорила Ольга Ивановна, всплёскивая руками от восторга. — Ты просто очарователен! Господа, посмотрите на его лоб! Дымов, повернись в профиль. Господа, посмотрите: лицо бенгальского тигра, а выражение доброе и милое, как у оленя. У, милый!

Гости ели и, глядя на Дымова, думали: «В самом деле, славный малый», но скоро забывали о нём и продолжали говорить о театре, музыке и живописи.

Молодые супруги были счастливы, и жизнь их текла как по маслу [17]. Впрочем, третья неделя их медового месяца была проведена не совсем счастливо, даже печально. Дымов заразился в больнице рожей, пролежал в постели шесть дней и должен был остричь догола свои красивые чёрные волосы. Ольга Ивановна сидела около него и горько плакала, но, когда ему́ полегча́ло, она́ наде́ла на его́ стри́женую го́лову бе́ленький плато́к и ста́ла писа́ть с него́ бедуи́на. И обо́им бы́ло ве́село. Дня че́рез три по́сле того́, как он, вы́здоровевши, стал опя́ть ходи́ть в больни́цу, с ним произошло́ но́вое недоразуме́ние.

— Мне не везёт, ма́ма! — сказа́л он одна́жды за обе́дом. — Сего́дня у меня́ бы́ло четы́ре вскры́тия, и я себе́ сра́зу два па́льца поре́зал. И то́лько до́ма я э́то заме́тил.

О́льга Ива́новна испуга́лась. Он улыбну́лся и сказа́л, что э́то пустяки́ и что ему́ ча́сто прихо́дится во вре́мя вскры́тий де́лать себе́ поре́зы на рука́х.

— Я увлека́юсь, ма́ма, и становлю́сь рассе́янным.

О́льга Ива́новна с трево́гой ожида́ла тру́пного заражéния и по ноча́м моли́лась Бо́гу, но всё обошло́сь благополу́чно. И опя́ть потекла́ ми́рная счастли́вая жизнь без печа́лей и трево́г. Настоя́щее бы́ло прекра́сно, а на сме́ну ему́ приближа́лась весна́, уже́ улыба́вшаяся и́здали и обеща́вшая ты́сячу ра́достей. Сча́стью не бу́дет конца́! В апре́ле, в ма́е и в ию́не да́ча далеко́ за́ городом, прогу́лки, этю́ды, ры́бная ло́вля, соловьи́, а пото́м, с ию́ля до са́мой о́сени, пое́здка худо́жников на Во́лгу, и в э́той пое́здке, как непреме́нный член сосьете́ *, бу́дет принима́ть уча́стие и О́льга Ива́новна. Она́ уже́ сши́ла себе́ два доро́жных костю́ма из холсти́нки, купи́ла на доро́гу кра́сок, ки́стей, холста́ и но́вую пали́тру. Почти́ ка́ждый день к ней приходи́л Рябо́вский, что́бы посмотре́ть, каки́е она́ сде́лала успе́хи по жи́вописи. Когда́ она́ пока́зывала ему́ свою́ жи́вопись, он засо́вывал

---

* общества (от *франц.* — société).

руки глубоко́ в карма́ны, кре́пко сжима́л гу́бы, сопе́л и говори́л:

— Так-с... Это о́блако у вас кричи́т [18]: оно́ освещено́ не по-вече́рнему. Пере́дний план как-то сжёван, и что-то, понима́ете ли, не то [19]... А избу́шка у вас подави́лась чем-то и жа́лобно пищи́т... на́до бы у́гол э́тот потемне́е взять. А в о́бщем неду́рственно... Хвалю́.

И чем он непоня́тнее говори́л, тем ле́гче О́льга Ива́новна его́ понима́ла.

III

На второ́й день Тро́ицы [20] по́сле обе́да Ды́мов купи́л заку́сок и конфе́т и пое́хал к жене́ на да́чу. Он не ви́делся с не́ю уже́ две неде́ли и си́льно соску́чился. Си́дя в ваго́не и пото́м оты́скивая в большо́й ро́ще свою́ да́чу, он всё вре́мя чу́вствовал го́лод и утомле́ние и мечта́л о том, как он на свобо́де поу́жинает вме́сте с жено́й и пото́м зава́лится спать. И ему́ ве́село бы́ло смотре́ть на свой свёрток, в кото́ром бы́ли завёрнуты икра́, сыр и белоры́бица.

Когда́ он отыска́л свою́ да́чу и узна́л её, уже́ заходи́ло со́лнце. Стару́ха го́рничная сказа́ла, что ба́рыни нет до́ма и что, должно́ быть, они́ ско́ро приду́т [21]. На да́че, о́чень непригля́дной на вид, с ни́зкими потолка́ми, окле́енными пи́счею бума́гой, и с неро́вными щели́стыми пола́ми, бы́ло то́лько три ко́мнаты. В одно́й стоя́ла крова́ть, в друго́й на сту́льях и о́кнах валя́лись холсты́, ки́сти, заса́ленная бума́га и мужски́е пальто́ и шля́пы, а в тре́тьей Ды́мов заста́л трёх каки́х-то незнако́мых мужчи́н. Дво́е бы́ли брюнéты с бородками, и трéтий, совсéм брúтый и тóлстый, по-вúдимому — актёр. На столé кипéл самовáр.

— Что вам угóдно? — спросúл актёр бáсом, нелюдúмо оглядывая Дымова. — Вам Óльгу Ивáновну нýжно? Погодúте, онá сейчáс придёт.

Дымов сел и стал дожидáться. Одúн из брюнéтов, сóнно и вяло погля́дывая на негó, налúл себé чáю и спросúл:

— Мóжет, чáю хотúте?

Дымову хотéлось и пить и есть, но, чтóбы не пóртить себé аппетúта, он отказáлся от чáя. Скóро послышались шагú и знакóмый смех; хлóпнула дверь, и в кóмнату вбежáла Óльга Ивáновна в широкопóлой шля́пе и с я́щиком в рукé, а вслед за нéю с большúм зонтóм и со складным стýлом вошёл весёлый, краснощёкий Рябóвский.

— Дымов! — вскрúкнула Óльга Ивáновна и вспыхнула от рáдости. — Дымов! — повторúла онá, кладя́ емý на грудь гóлову и óбе рýки. — Это ты! Отчегó ты так дóлго не приезжáл? Отчегó? Отчегó?

— Когдá же мне, мáма? Я всегдá зáнят, а когдá бывáю свобóден, то всё случáется так, что расписáние поездóв не подхóдит.

— Но как я рáда тебя́ вúдеть! Ты мне всю, всю ночь снúлся, и я боя́лась, как бы ты не заболéл. Ах, éсли б ты знал, как ты мил, как ты кстáти приéхал! Ты бýдешь моúм спасúтелем. Ты одúн тóлько мóжешь спастú меня́! Зáвтра бýдет здесь преоригинáльная свáдьба, — продолжáла онá, смея́сь и завя́зывая мýжу гáлстук. — Жéнится молодóй телеграфúст на стáнции, нéкто Чикельдéев. Красúвый молодóй человéк, ну, неглýпый и есть в лицé, знáешь, что-то сúльное, медвéжье... Мóжно с негó молодóго варя́га писа́ть. Мы, все да́чники, принима́ем в нём уча́стье и да́ли ему́ че́стное сло́во быть у него́ на сва́дьбе... Челове́к небога́тый, одино́кий, ро́бкий, и, коне́чно, бы́ло бы грешно́ отказа́ть ему́ в уча́стии. Предста́вь, по́сле обе́дни венча́нье, пото́м из це́ркви все пешко́м до кварти́ры неве́сты... понима́ешь, ро́ща, пе́ние птиц, со́лнечные пя́тна на траве́, и все мы разноцве́тными пя́тнами на я́рко-зелёном фо́не — преоригина́льно, во вку́се францу́зских экспрессиони́стов. Но, Ды́мов, в чём я пойду́ в це́рковь? — сказа́ла О́льга Ива́новна и сде́лала пла́чущее лицо́. — У меня́ здесь ничего́ нет, буква́льно ничего́! Ни пла́тья, ни цвето́в, ни перча́ток... Ты до́лжен меня́ спасти́. Е́сли прие́хал, то, зна́чит, сама́ судьба́ вели́т тебе́ спаса́ть меня́. Возьми́, мой дорого́й, ключи́, поезжа́й домо́й и возьми́ там в гардеро́бе моё ро́зовое пла́тье. Ты его́ по́мнишь, оно́ виси́т пе́рвое... Пото́м в кладово́й с пра́вой стороны́ на полу́ ты уви́дишь две карто́нки. Как откро́ешь ве́рхнюю, так там всё тюль, тюль, тюль и ра́зные лоскутки́, а под ни́ми цветы́. Цветы́ все вынь осторо́жно, постара́йся, ду́ся, не помя́ть, их пото́м я вы́беру... И перча́тки купи́.

— Хорошо́, — сказа́л Ды́мов. — Я за́втра пое́ду и пришлю́.

— Когда́ же за́втра? — спроси́ла О́льга Ива́новна и посмотре́ла на него́ с удивле́нием. — Когда́ же ты успе́ешь за́втра? За́втра отхо́дит пе́рвый по́езд в де́вять часо́в, а венча́ние в оди́ннадцать. Нет, голу́бчик, на́до сего́дня, обяза́тельно сего́дня! Е́сли за́втра тебе́ нельзя́ бу́дет прие́хать, то пришли́ с рассы́льным. Ну, иди́ же... Сейча́с до́лжен прийти́ пассажи́рский по́езд. Не опозда́й, ду́ся.

— Хорошо́.

— Ах, как мне жаль тебя́ отпуска́ть, — сказа́ла Ольга Ива́новна, и слёзы наверну́лись у неё на глаза́х. — И заче́м я, ду́ра дала́ сло́во телеграфи́сту?

Ды́мов бы́стро вы́пил стака́н ча́ю, взял бара́нку и, кро́тко улыба́ясь, пошёл на ста́нцию. А икру́, сыр и белоры́бицу съе́ли два брюне́та и то́лстый актёр.

IV

В ти́хую лу́нную ию́льскую ночь Ольга Ива́новна стоя́ла на па́лубе во́лжского парохо́да и смотре́ла то на во́ду, то на краси́вые берега́. Ря́дом с не́ю стоя́л Рябо́вский и говори́л ей, что чёрные те́ни на воде́ — не те́ни, а сон, что в виду́ э́той колдовско́й воды́ с фантасти́ческим бле́ском, в виду́ бездо́нного не́ба и гру́стных, заду́мчивых берего́в, говоря́щих о суете́ на́шей жи́зни и о существова́нии чего́-то вы́сшего, ве́чного, блаже́нного, хорошо́ бы забы́ться, умере́ть, стать воспомина́нием. Проше́дшее по́шло и неинтере́сно, бу́дущее ничто́жно, а э́та чу́дная, еди́нственная в жи́зни ночь ско́ро ко́нчится, солье́тся с ве́чностью — заче́м же жить?

А Ольга Ива́новна прислу́шивалась то к го́лосу Рябо́вского, то к тишине́ но́чи и ду́мала о том, что она́ бессме́ртна и никогда́ не умрёт. Бирюзо́вый цвет воды́, како́го она́ ра́ньше никогда́ не вида́ла, не́бо, берега́, чёрные те́ни и безотчётная ра́дость, наполня́вшая её ду́шу, говори́ли ей, что из неё вы́йдет вели́кая худо́жница и что где́-то там за да́лью, за лу́нной но́чью, в бесконе́чном простра́нстве ожида́ют её успе́х, сла́ва, любо́вь наро́да... Когда́ она́ не мига́я до́лго смотре́ла вдаль, ей чу́дились толпы́ людей, огни́, торже́ственные зву́ки му́зыки, кри́ки восто́рга, сама́ она́ в бе́лом пла́тье и цветы́, кото́рые сы́пались на неё со всех сторо́н. Ду́мала она́ та́кже о том, что ря́дом с не́ю, облокоти́вшись о борт, стои́т настоя́щий вели́кий челове́к, ге́ний, бо́жий избра́нник... Всё, что он со́здал до сих пор, прекра́сно, но́во и необыкнове́нно, а то, что созда́ст он со вре́менем, когда́ с возмужа́лостью окре́пнет его́ ре́дкий тала́нт, бу́дет порази́тельно, неизмери́мо высоко́, и э́то ви́дно по его́ лицу́, по мане́ре выража́ться и по его́ отноше́нию к приро́де. О те́нях, вече́рних тона́х, о лу́нном бле́ске он говори́т как-то осо́бенно, свои́м языко́м, так что нево́льно чу́вствуется обая́ние его́ вла́сти над приро́дой. Сам он о́чень краси́в, оригина́лен, и жизнь его́, незави́симая, свобо́дная, чу́ждая всего́ жите́йского, похо́жа на жизнь пти́цы.

— Стано́вится свежо́, — сказа́ла О́льга Ива́новна и вздро́гнула.

Рябо́вский оку́тал её в свой плащ и сказа́л печа́льно:

— Я чу́вствую себя́ в ва́шей вла́сти. Я раб. Заче́м вы сего́дня так обворожи́тельны?

Он всё вре́мя гляде́л на неё не отрыва́ясь, и глаза́ его́ бы́ли стра́шны, и она́ боя́лась взгляну́ть на него́.

— Я безу́мно люблю́ вас... — шепта́л он, дыша́ ей на щёку. — Скажи́те мне одно́ сло́во, и я не бу́ду жить, бро́шу иску́сство... — бормота́л он в си́льном волне́нии. — Люби́те меня́, люби́те...

— Не говори́те так, — сказа́ла О́льга Ива́новна, закрыва́я глаза́. — Э́то стра́шно. А Ды́мов?

— Что Ды́мов? Почему́ Ды́мов? Како́е мне де́ло до Ды́мова [22]? Во́лга, луна́, красота́, моя́ любо́вь,

мой восто́рг, а никако́го нет Ды́мова... Ах, я ничего́
не зна́ю... Не ну́жно мне про́шлого, мне да́йте одно́ мгнове́ние... оди́н миг.

У О́льги Ива́новны заби́лось се́рдце. Она́ хоте́ла
ду́мать о му́же, но всё её про́шлое со сва́дьбой, с Ды́
мовым и с вечери́нками каза́лось ей ма́леньким,
ничто́жным, ту́склым, нену́жным и далёким-далёким... В са́мом де́ле: что Ды́мов? почему́ Ды́мов?
како́е ей де́ло до Ды́мова? Да существу́ет ли он
в приро́де и не сон ли он то́лько?

«Для него́, просто́го обыкнове́нного челове́ка, доста́точно и того́ сча́стья, кото́рое он уже́ получи́л, —
ду́мала она́, закрыва́я лицо́ рука́ми. — Пусть осужда́ют *там*, проклина́ют, а я вот назло́ всем возьму́
и поги́бну²³, возьму́ вот и поги́бну... На́до испыта́ть
всё в жи́зни. Бо́же, как жу́тко и как хорошо́!»

— Ну что? Что? — бормота́л худо́жник, обнима́я
её и жа́дно целу́я ру́ки, кото́рыми она́ сла́бо пыта́
лась отстрани́ть его́ от себя́. — Ты меня́ лю́бишь?
Да? Да? О, кака́я ночь! Чу́дная ночь!

— Да, кака́я ночь! — прошепта́ла она́, гля́дя ему́
в глаза́, блестя́щие от слёз, пото́м бы́стро огляну́
лась, обняла́ его́ и кре́пко поцелова́ла в гу́бы.

— К Кине́шме подхо́дим! — сказа́л кто-то на друго́й стороне́ па́лубы.

Послы́шались тяжёлые шаги́. Э́то проходи́л ми́мо
челове́к из буфе́та.

— Послу́шайте, — сказа́ла ему́ О́льга Ива́новна,
смея́сь и пла́ча от сча́стья, — принеси́те нам вина́.

Худо́жник, бле́дный от волне́ния, сел на скамью́,
посмотре́л на О́льгу Ива́новну обожа́ющими, благода́рными глаза́ми, пото́м закры́л глаза́ и сказа́л,
то́мно улыба́ясь:

— Я уста́л.

И прислони́лся голово́ю к борту́.

V

Второ́го сентября́ день был тёплый и ти́хий, но па́смурный. Ра́но у́тром на Во́лге броди́л лёгкий тума́н, а по́сле девяти́ часо́в стал накра́пывать дождь. И не́ было никако́й наде́жды, что не́бо проясни́тся. За ча́ем Рябо́вский говори́л О́льге Ива́новне, что жи́вопись — са́мое неблагода́рное и са́мое ску́чное иску́сство, что он не худо́жник, что одни́ то́лько дураки́ ду́мают, что у него́ есть тала́нт, и вдруг, ни с того́ ни с сего́[24], схвати́л нож и поцара́пал им свой са́мый лу́чший этю́д. По́сле ча́я он, мра́чный, сиде́л у окна́ и смотре́л на Во́лгу. А Во́лга уже́ была́ без бле́ска, ту́склая, ма́товая, холо́дная на вид. Всё, всё напомина́ло о приближе́нии тоскли́вой, хму́рой о́сени. И каза́лось, что роско́шные зелёные ковры́ на берега́х, алма́зные отраже́ния луче́й, прозра́чную си́нюю даль и всё щего́льское и пара́дное приро́да сняла́ тепе́рь с Во́лги и уложи́ла в сундуки́ до бу́дущей весны́, и воро́ны лета́ли о́коло Во́лги и дразни́ли её: «Го́лая! Го́лая!» Рябо́вский слу́шал их ка́рканье и ду́мал о том, что он уже́ вы́дохся и потеря́л тала́нт, что всё на э́том све́те усло́вно, относи́тельно и глу́по и что не сле́довало бы свя́зывать себя́ с э́той же́нщиной... Одни́м сло́вом, он был не в ду́хе и хандри́л.

О́льга Ива́новна сиде́ла за перегоро́дкой на крова́ти и, перебира́я па́льцами свои́ прекра́сные льня́ные во́лосы, вообража́ла себя́ то в гости́ной, то в спа́льне, то в кабине́те му́жа; воображе́ние уноси́ло её в теа́тр, к портни́хе и к знамени́тым друзья́м. Что-то они́ поде́лывают тепе́рь? Вспомина́ют ли о ней? Сезо́н уже́ начался́, и пора́ бы поду́мать о вечери́нках. А Ды́мов? Ми́лый Ды́мов! Как кро́тко и де́тски-жа́лобно он про́сит её в свои́х пи́сьмах поскоре́е е́хать домо́й! Ка́ждый ме́сяц он высыла́л ей по се́мьдесят пять рубле́й, а когда́ она́ написа́ла ему́, что задолжа́ла худо́жникам сто рубле́й, то он присла́л ей и э́ти сто. Како́й до́брый, великоду́шный челове́к! Путеше́ствие утоми́ло О́льгу Ива́новну, она́ скуча́ла, и ей хоте́лось поскоре́е уйти́ от э́тих мужико́в, от за́паха речно́й сы́рости и сбро́сить с себя́ э́то чу́вство физи́ческой нечистоты́, кото́рое она́ испы́тывала всё вре́мя, живя́ в крестья́нских и́збах и кочу́я из села́ в село́. Е́сли бы Рябо́вский не дал че́стного сло́ва худо́жникам, что он проживёт с ни́ми здесь до двадца́того сентября́, то мо́жно бы́ло бы уе́хать сего́дня же. И как бы э́то бы́ло хорошо́!

— Бо́же мой, — простона́л Рябо́вский, — когда́ же наконе́ц бу́дет со́лнце? Не могу́ же я со́лнечный пейза́ж продолжа́ть без со́лнца!..

— А у тебя́ есть этю́д при о́блачном не́бе, — сказа́ла О́льга Ива́новна, выходя́ из-за перегоро́дки. — По́мнишь, на пра́вом пла́не лес, а на ле́вом — ста́до коро́в и гу́си. Тепе́рь ты мог бы его́ ко́нчить.

— Э! — помо́рщился худо́жник. — Ко́нчить! Неуже́ли вы ду́маете, что сам я так глуп, что не зна́ю, что мне ну́жно де́лать!

— Как ты ко мне перемени́лся! — вздохну́ла О́льга Ива́новна.

— Ну, и прекра́сно.

44

У Ольги Ивановны задрожало лицо, она отошла к печке и заплакала.

— Да, недоставало только слёз. Перестаньте! У меня тысячи причин плакать, однако же я не плачу.

— Тысячи причин! — всхлипнула Ольга Ивановна. — Самая главная причина, что вы уже тяготитесь мной. Да! — сказала она и зарыдала. — Если говорить правду, то вы стыдитесь нашей любви. Вы всё стараетесь, чтобы художники не заметили, хотя этого скрыть нельзя и им всё давно уже известно.

— Ольга, я об одном прошу вас, — сказал художник умоляюще и приложив руку к сердцу, — об одном: не мучьте меня! Больше мне от вас ничего не нужно!

— Но поклянитесь, что вы меня всё ещё любите!

— Это мучительно! — процедил сквозь зубы художник и вскочил. — Кончится тем, что я брошусь в Волгу или сойду с ума! Оставьте меня!

— Ну, убейте, убейте меня! — крикнула Ольга Ивановна. — Убейте!

Она опять зарыдала и пошла за перегородку. На соломенной крыше избы зашуршал дождь. Рябовский схватил себя за голову и прошёлся из угла в угол, потом с решительным лицом, как будто желая что-то кому-то доказать, надел фуражку, перекинул через плечо ружьё и вышел из избы.

По уходе его Ольга Ивановна долго лежала на кровати и плакала. Сначала она думала о том, что хорошо бы отравиться, чтобы вернувшийся Рябовский застал её мёртвою, потом же она унеслась мыслями в гостиную, в кабинет мужа и вообразила, как она сидит неподвижно рядом с Дымовым и наслажда́ется физи́ческим поко́ем и чистото́й и как ве́чером сиди́т в теа́тре и слу́шает Мази́ни [25]. И тоска́ по цивилиза́ции, по городско́му шу́му и изве́стным лю́дям защеми́ла её се́рдце. В избу́ вошла́ ба́ба и ста́ла не спеша́ топи́ть печь, что́бы гото́вить обе́д. Запа́хло га́рью, и во́здух посине́л от ды́ма. Приходи́ли худо́жники в высо́ких гря́зных сапога́х и с мо́крыми от дождя́ ли́цами, рассма́тривали этю́ды и говори́ли себе́ в утеше́ние, что Во́лга да́же и в дурну́ю пого́ду име́ет свою́ пре́лесть. А дешёвые часы́ на сте́нке: тик-тик-тик... Озя́бшие му́хи столпи́лись в пере́днем углу́ о́коло образо́в и жужжа́т, и слы́шно, как под ла́вками в то́лстых па́пках во́зятся пруса́ки...

Рябо́вский верну́лся домо́й, когда́ заходи́ло со́лнце. Он бро́сил на стол фура́жку и, бле́дный, заму́ченный, в гря́зных сапога́х, опусти́лся на ла́вку и закры́л глаза́.

— Я уста́л... — сказа́л он и задви́гал бровя́ми, си́лясь подня́ть ве́ки.

Что́бы приласка́ться к нему́ и показа́ть, что она́ не се́рдится, О́льга Ива́новна подошла́ к нему́, мо́лча поцелова́ла и провела́ гребёнкой по его́ белоку́рым волоса́м. Ей захоте́лось причеса́ть его́.

— Что тако́е? — спроси́л он, вздро́гнув, то́чно к нему́ прикосну́лись чем-то холо́дным, и откры́л глаза́. — Что тако́е? Оста́вьте меня́ в поко́е, прошу́ вас.

Он отстрани́л её рука́ми и отошёл, и ей показа́лось, что лицо́ его́ выража́ло отвраще́ние и доса́ду. В э́то вре́мя ба́ба осторо́жно несла́ ему́ в обе́их рука́х таре́лку со ща́ми, и О́льга Ива́новна ви́дела, как она́ обмочи́ла во щах свой больши́е па́льцы. И гря́з-

ная ба́ба с перетя́нутым живото́м, и щи, кото́рые
стал жа́дно есть Рябо́вский, и изба́, и вся э́та жизнь,
кото́рую внача́ле она́ так люби́ла за простоту́ и ху-
до́жественный беспоря́док, показа́лись ей тепе́рь
ужа́сными. Она́ вдруг почу́вствовала себя́ оскорб-
лённой и сказа́ла хо́лодно:

— Нам ну́жно расста́ться на не́которое вре́мя,
а то от ску́ки мы мо́жем серьёзно поссо́риться. Мне
э́то надое́ло. Сего́дня я уе́ду.

— На чём? На па́лочке верхо́м [26]?

— Сего́дня четве́рг, зна́чит, в полови́не деся́того
придёт парохо́д.

— А? Да, да... Ну что ж, поезжа́й... — сказа́л мя́г-
ко Рябо́вский, утира́ясь вме́сто салфе́тки полоте́н-
цем. — Тебе́ здесь ску́чно и де́лать не́чего, и на́до
быть больши́м эго́истом, что́бы уде́рживать тебя́.
Поезжа́й, а по́сле двадца́того уви́димся.

О́льга Ива́новна укла́дывалась ве́село, и да́же
щёки у неё разгоре́лись от удово́льствия. Неуже́ли
э́то пра́вда, спра́шивала она́ себя́, что ско́ро она́
бу́дет писа́ть в гости́ной, а спать в спа́льне и обе́-
дать со ска́тертью? У неё отлегло́ от се́рдца, и она́
уже́ не серди́лась на худо́жника.

— Кра́ски и ки́сти я оста́влю тебе́, Рябу́ша, —
говори́ла она́. — Что оста́нется, привезёшь... Смот-
ри́ же, без меня́ тут не лени́сь, не ханд̀ри́, а ра-
бо́тай. Ты у меня́ молодчи́на, Рябу́ша.

В де́вять часо́в Рябо́вский на проща́нье поцело-
ва́л её для того́, как она́ ду́мала, что́бы не цело-
ва́ть на парохо́де при худо́жниках, и проводи́л на
при́стань. Подошёл ско́ро парохо́д и увёз её.

Прие́хала она́ домо́й че́рез дво́е с полови́ной су́-
ток. Не снима́я шля́пы и ватерпру́фа, тяжело́ ды-

ша́ от волне́ния, она́ прошла́ в гости́ную, а отту́да в столо́вую. Ды́мов без сюртука́, в расстёгнутой жиле́тке сиде́л за столо́м и точи́л нож о ви́лку; пе́ред ним на таре́лке лежа́л ря́бчик. Когда́ О́льга Ива́новна входи́ла в кварти́ру, она́ была́ убеждена́, что необходи́мо скрыть всё от му́жа и что на э́то хва́тит у неё уме́нья и си́лы, но тепе́рь, когда́ она́ уви́дела широ́кую, кро́ткую, сча́стливую улы́бку и блестя́щие ра́достные глаза́, она́ почу́вствовала, что скрыва́ть от э́того челове́ка так же по́дло, отврати́тельно и так же невозмо́жно и не под си́лу ей, как оклевета́ть, укра́сть и́ли уби́ть, и она́ в одно́ мгнове́ние реши́ла рассказа́ть ему́ всё, что бы́ло. Да́вши ему́ поцелова́ть себя́ и обня́ть, она́ опусти́лась пе́ред ним на коле́ни и закры́ла лицо́.

— Что? Что, ма́ма? — спроси́л он не́жно. — Соску́чилась?

Она́ подняла́ лицо́, кра́сное от стыда́, и погляде́ла на него́ винова́то и умоля́юще, но страх и стыд помеша́ли ей говори́ть пра́вду.

— Ничего́... — сказа́ла она́. — Э́то я так...

— Ся́дем, — сказа́л он, поднима́я её и уса́живая за стол. — Вот так... Ку́шай ря́бчика. Ты проголода́лась, бедня́жка.

Она́ жа́дно вдыха́ла в себя́ родно́й во́здух и е́ла ря́бчика, а он с умиле́нием гляде́л на неё и ра́достно смея́лся.

VI

По-ви́димому, с середи́ны зимы́ Ды́мов стал дога́дываться, что его́ обма́нывают. Он, как бу́дто у него́ была́ со́весть нечиста́, не мог уже́ смотре́ть жене́ прямо в глаза, не улыбался радостно при встрече с нею и, чтобы меньше оставаться с нею наедине, часто приводил к себе обедать своего товарища Коростелёва, маленького стриженого человечка с помятым лицом, который, когда разговаривал с Ольгой Ивановной, то от смущения расстёгивал все пуговицы своего пиджака и опять их застёгивал и потом начинал правой рукой щипать свой левый ус. За обедом оба доктора говорили о том, что при высоком стоянии диафрагмы иногда бывают перебои сердца, или что множественные невриты в последнее время наблюдаются очень часто, или что вчера Дымов, вскрывши труп с диагностикой «злокачественная анемия», нашёл рак поджелудочной железы. И казалось, что оба они вели медицинский разговор только для того, чтобы дать Ольге Ивановне возможность молчать, то есть не лгать. После обеда Коростелёв садился за рояль, а Дымов вздыхал и говорил ему:

— Эх, брат! Ну, да что! Сыграй-ка что-нибудь печальное.

Подняв плечи и широко расставив пальцы, Коростелёв брал несколько аккордов и начинал петь тенором «Укажи мне такую обитель, где бы русский мужик не стонал», а Дымов ещё раз вздыхал, подпирал голову кулаком и задумывался.

В последнее время Ольга Ивановна вела себя крайне неосторожно. Каждое утро она просыпалась в самом дурном настроении и с мыслью, что она Рябовского уже не любит и что, слава Богу, всё уже кончено. Но, напившись кофе, она соображала, что Рябовский отнял у неё мужа и что теперь она осталась без мужа и без Рябовского; потом она вспоминала разговоры своих знакомых о том, что Рябовский готовит к выставке нечто поразительное, смесь пейзажа с жанром, во вкусе Поленова [27], отчего все, кто бывает в его мастерской, приходят в восторг; но ведь это, думала она, он создал под её влиянием и вообще благодаря её влиянию он сильно изменился к лучшему. Влияние её так благотворно и существенно, что, если она оставит его, то он, пожалуй, может погибнуть. И вспоминала она также, что в последний раз он приходил к ней в каком-то сером сюртучке с искрами и в новом галстуке и спрашивал томно: «Я красив?» И в самом деле, он, изящный, со своими длинными кудрями и с голубыми глазами, был очень красив (или, быть может, так показалось) и был ласков с ней.

Вспомнив про многое и сообразив, Ольга Ивановна одевалась и в сильном волнении ехала в мастерскую к Рябовскому. Она заставала его весёлым и восхищённым своею в самом деле великолепною картиной; он прыгал, дурачился и на серьёзные вопросы отвечал шутками. Ольга Ивановна ревновала Рябовского к картине и ненавидела её, но из вежливости простаивала перед картиной молча минут пять и, вздохнув, как вздыхают перед святыней, говорила тихо:

— Да, ты никогда не писал ещё ничего подобного. Знаешь, даже страшно.

Потом она начинала умолять его, чтобы он любил её, не бросал, чтобы пожалел её, бедную и несчастную. Она плакала, целовала ему руки, требовала, чтобы он клялся ей в любви, доказывала ему, что без её хорошего влияния он собьётся с пути и погибнет. И, испортив ему хорошее настроение духа и чувствуя себя униженной, она уезжала к портнихе или к знакомой актрисе похлопотать насчёт билета.

Если она не заставала его в мастерской, то оставляла ему письмо, в котором клялась, что если он сегодня не придёт к ней, то она непременно отравится. Он трусил, приходил к ней и оставался обедать. Не стесняясь присутствием мужа, он говорил ей дерзости, она отвечала ему тем же. Оба чувствовали, что они связывают друг друга, что они деспоты и враги, и злились, и от злости не замечали, что оба они неприличны и что даже стриженый Коростелёв понимает всё. После обеда Рябовский спешил проститься и уйти.

— Куда вы идёте? — спрашивала его Ольга Ивановна в передней, глядя на него с ненавистью.

Он, морщась и щуря глаза, называл какую-нибудь даму, общую знакомую, и было видно, что это он смеётся над её ревностью и хочет досадить ей. Она шла к себе в спальню и ложилась в постель; от ревности, досады, чувства унижения и стыда она кусала подушку и начинала громко рыдать. Дымов оставлял Коростелёва в гостиной, шёл в спальню и, сконфуженный, растерянный, говорил тихо:

— Не плачь громко, мама... Зачем? Надо молчать об этом... Надо не подавать вида... Знаешь, что случилось, того уже не поправишь.

Не зная, как усмирить в себе тяжёлую ревность, от которой даже в висках ломило, и думая, что ещё можно поправить дело, она умывалась, пудрила заплаканное лицо и летела к знакомой даме. Не застав у неё Рябовского, она ехала к другой, потом к третьей... Сначала ей было стыдно так ездить, но потом она привыкла, и случалось, что в один вечер она́ объезжа́ла всех знако́мых же́нщин, что́бы отыска́ть Рябо́вского, и все понима́ли это.

Одна́жды она́ сказа́ла Рябо́вскому про му́жа:

— Э́тот челове́к гнетёт меня́ свои́м великоду́шием!

Э́та фра́за ей так понра́вилась, что, встреча́ясь с худо́жниками, кото́рые зна́ли об её рома́не с Рябо́вским, она́ вся́кий раз говори́ла про му́жа, де́лая энерги́ческий жест руко́й:

— Э́тот челове́к гнетёт меня́ свои́м великоду́шием!

Поря́док жи́зни был тако́й же, как в про́шлом году́. По сре́дам быва́ли вечери́нки. Арти́ст чита́л, худо́жники рисова́ли, виолончели́ст игра́л, певе́ц пел, и неизме́нно в полови́не двена́дцатого открыва́лась дверь, веду́щая в столо́вую, и Ды́мов, улыба́ясь, говори́л:

— Пожа́луйста, господа́, закуси́ть.

По-пре́жнему О́льга Ива́новна иска́ла вели́ких люде́й, находи́ла и не удовлетворя́лась и опя́ть иска́ла. По-пре́жнему она́ ка́ждый день возвраща́лась по́здно но́чью, но Ды́мов уже́ не спал, как в про́шлом году́, а сиде́л у себя́ в кабине́те и что-то рабо́тал. Ложи́лся он часа́ в три, а встава́л в во́семь.

Одна́жды ве́чером, когда́ она́, собира́ясь в теа́тр, стоя́ла пе́ред трюмо́, в спа́льню вошёл Ды́мов во фра́ке и в бе́лом га́лстуке. Он кро́тко улыба́лся и, как пре́жде, ра́достно смотре́л жене́ пря́мо в глаза́. Лицо́ его́ сия́ло.

— Я сейча́с диссерта́цию защища́л, — сказа́л он, садя́сь и погла́живая коле́на.

— Защити́л? — спроси́ла О́льга Ива́новна.

— Ого́! — засмея́лся он и вы́тянул ше́ю, что́бы

увидеть в зеркале лицо жены, которая продолжала стоять к нему спиной и поправлять причёску. — Ого! — повторил он. — Знаешь, очень возможно, что мне предложат приват-доцентуру по общей патологии. Этим пахнет.

Видно было по его блаженному, сияющему лицу, что если бы Ольга Ивановна разделила с ним его радость и торжество, то он простил бы ей всё, и настоящее и будущее, и всё бы забыл, но она не понимала, что значит приват-доцентура и общая патология, к тому же боялась опоздать в театр и ничего не сказала.

Он посидел две минуты, виновато улыбнулся и вышел.

VII

Это был беспокойнейший день.

У Дымова сильно болела голова; он утром не пил чаю, не пошёл в больницу и всё время лежал у себя в кабинете на турецком диване. Ольга Ивановна, по обыкновению, в первом часу отправилась к Рябовскому, чтобы показать ему свой этюд nature morte [28] и спросить его, почему он вчера не приходил. Этюд казался ей ничтожным, и написала она его только затем, чтобы иметь лишний предлог сходить к художнику.

Она вошла к нему без звонка, и когда в передней снимала калоши, ей послышалось, как будто в мастерской что-то тихо пробежало, по-женски шурша платьем, и когда она поспешила заглянуть в мастерскую, то увидела только кусок коричневой юбки, который мелькнул на мгновение и исчез за

большо́ю карти́ной, занаве́шенной вме́сте с моль-
бе́ртом до по́ла чёрным коленко́ром. Сомнева́ться
нельзя́ бы́ло, э́то пря́талась же́нщина. Как ча́сто
сама́ О́льга Ива́новна находи́ла себе́ убе́жище за
э́той карти́ной! Рябо́вский, по-ви́димому, о́чень сму-
щённый, как бы удиви́лся её прихо́ду, протяну́л к
ней о́бе ру́ки и сказа́л, натя́нуто улыба́ясь:

— А-а-а-а! О́чень рад вас ви́деть. Что ска́жете
хоро́шенького [29]?

Глаза́ у О́льги Ива́новны напо́лнились слеза́ми.
Ей бы́ло сты́дно, го́рько, и она́ за миллио́н не согла-
си́лась бы говори́ть в прису́тствии посторо́нней же́н-
щины, сопе́рницы, лгу́ньи, кото́рая стоя́ла тепе́рь за
карти́ной и, вероя́тно, злора́дно хихи́кала.

— Я принесла́ вам этю́д... — сказа́ла она́ ро́бко,
то́нким голоско́м, и гу́бы её задрожа́ли, — nature
morte.

— А-а-а... этю́д?

Худо́жник взял в ру́ки этю́д и, рассма́тривая его́,
как бы машина́льно прошёл в другу́ю ко́мнату.

О́льга Ива́новна поко́рно шла за ним.

— Nature morte... пе́рвый сорт [30], — бормота́л он,
подбира́я ри́фму, — куро́рт... чёрт... порт...

Из мастерско́й послы́шались торопли́вые шаги́ и
шурша́нье пла́тья. Зна́чит, *она́* ушла́. О́льге Ива́-
новне хоте́лось гро́мко кри́кнуть, уда́рить худо́ж-
ника по голове́ чем-нибудь тяжёлым и уйти́, но
она́ ничего́ не ви́дела сквозь слёзы, была́ пода́вле-
на свои́м стыдо́м и чу́вствовала себя́ уж не О́льгой
Ива́новной и не худо́жницей, а ма́ленькой козя́в-
кой.

— Я уста́л... — то́мно проговори́л худо́жник, гля́-
дя на этю́д и встря́хивая голово́й, что́бы поборо́ть

дремоту. — Это мило, конечно, но и сегодня этюд, и в прошлом году этюд, и через месяц будет этюд... Как вам не наскучит? Я бы на вашем месте бросил живопись и занялся серьёзно музыкой или чем-нибудь. Ведь вы не художница, а музыкантша. Однако, знаете, как я устал! Я сейчас скажу, чтоб дали чаю... А?

Он вышел из комнаты, и Ольга Ивановна слышала, как он что-то приказывал своему лакею. Чтоб не прощаться, не объясняться, а главное, не зарыдать, она, пока не вернулся Рябовский, поскорее побежала в переднюю, надела калоши и вышла на улицу. Тут она легко вздохнула и почувствовала себя навсегда свободной и от Рябовского, и от живописи, и от тяжёлого стыда, который так давил её в мастерской. Всё кончено!

Она поехала к портнихе, потом к Барнаю [31], который только вчера приехал, от Барная — в нотный магазин, и всё время она думала о том, как она напишет Рябовскому холодное, жёсткое, полное собственного достоинства письмо и как весною или летом она поедет с Дымовым в Крым, освободится там окончательно от прошлого и начнёт новую жизнь.

Вернувшись домой поздно вечером, она, не переодеваясь, села в гостиной сочинять письмо. Рябовский сказал ей, что она не художница, и она в отместку напишет ему теперь, что он каждый год пишет всё одно и то же и каждый день говорит одно и то же, что он застыл и что из него не выйдет ничего, кроме того, что уже вышло. Ей хотелось написать также, что он многим обязан её хорошему влиянию, а если он поступает дурно, то это только потому, что её влияние парализуется разными двусмысленными особами, вроде той, которая сегодня пряталась за картину.

— Мама! — позвал из кабинета Дымов, не отворяя двери. — Мама!

— Что тебе?

— Мама, ты не входи ко мне, а только подойди к двери. — Вот что... Третьего дня я заразился в больнице дифтеритом, и теперь... мне нехорошо. Пошли поскорее за Коростелёвым.

Ольга Ивановна всегда звала мужа, как всех знакомых мужчин, не по имени, а по фамилии; его имя Осип не нравилось ей, потому что напоминало гоголевского Осипа [32] и каламбур: «Осип охрип, а Архип осип». Теперь же она вскрикнула:

— Осип, это не может быть!

— Пошли! Мне нехорошо... — сказал за дверью Дымов, и слышно было, как он подошёл к дивану и лёг. — Пошли! — глухо послышался его голос.

«Что же это такое? — подумала Ольга Ивановна, холодея от ужаса. — Ведь это опасно!»

Без всякой надобности она взяла свечу и пошла к себе в спальню и тут, соображая, что ей нужно делать, нечаянно поглядела на себя в трюмо. С бледным, испуганным лицом, в жакете с высокими рукавами, с жёлтыми воланами на груди и с необыкновенным направлением полос на юбке она показалась себе страшной и гадкой. Ей вдруг стало до боли жаль Дымова, его безграничной любви к ней, его молодой жизни и даже этой его осиротелой постели, на которой он давно уже не спал, и вспоминалась ей его обычная, кроткая, покорная убыбка.

Она́ го́рько запла́кала и написа́ла Коростелёву умоля́ющее письмо́. Бы́ло два часа́ но́чи.

VIII

Когда́ в восьмо́м часу́ утра́ О́льга Ива́новна, с тяжёлой от бессо́нницы голово́й, непричёсанная, некраси́вая и с винова́тым выраже́нием вы́шла из спа́льни, ми́мо неё прошёл в пере́днюю како́й-то господи́н с чёрною бородо́й, по-ви́димому до́ктор. Па́хло лека́рствами. Около две́ри в кабине́т стоя́л Коростелёв и пра́вою руко́ю крути́л ле́вый ус.

— К нему́, извини́те, я вас не пущу́, — угрю́мо сказа́л он О́льге Ива́новне. — Зарази́ться мо́жно. Да и не к чему́ вам, в су́щности [33]. Он всё равно́ в бреду́.

— У него́ настоя́щий дифтери́т? — спроси́ла шёпотом О́льга Ива́новна.

— Тех, кто на рожо́н ле́зет, по-настоя́щему, под суд отдава́ть на́до [34], — пробормота́л Коростелёв, не отвеча́я на вопро́с О́льги Ива́новны. — Зна́ете, отчего́ он зарази́лся? Во вто́рник у ма́льчика выса́сывал че́рез тру́бочку дифтери́тные плёнки. А к чему́? Глу́по... Так, сду́ру...

— Опа́сно? Очень? — спроси́ла О́льга Ива́новна.

— Да, говоря́т, что фо́рма тяжёлая. На́до бы за Шре́ком посла́ть, в су́щности.

Приходи́л ма́ленький, ры́женький, с дли́нным но́сом и с евре́йским акце́нтом, пото́м высо́кий, суту́лый, лохма́тый, похо́жий на протодья́кона; пото́м молодо́й, о́чень по́лный, с кра́сным лицо́м и в очка́х. Это врачи́ приходи́ли дежу́рить о́коло своего́ това́рища. Коростелёв, отдежу́рив своё вре́мя, не уходи́л домо́й, а остава́лся и, как тень, броди́л по всем ко́мнатам. Го́рничная подава́ла дежу́рившим доктора́м чай и ча́сто бе́гала в апте́ку, и не́кому бы́ло убра́ть ко́мнат. Бы́ло ти́хо и уны́ло.

О́льга Ива́новна сиде́ла у себя́ в спа́льне и ду́мала о том, что э́то Бог её нака́зывает за то, что она́ обма́нывала му́жа. Молчали́вое, безро́потное, непоня́тное существо́, обезли́ченное свое́ю кро́тостью, бесхара́ктерное, сла́бое от изли́шней доброты́, глу́хо страда́ло где-то там у себя́ на дива́не и не жа́ловалось. А е́сли бы оно́ пожа́ловалось, хотя́ бы в бреду́, то дежу́рные доктора́ узна́ли бы, что винова́т тут не оди́н то́лько дифтери́т. Спроси́ли бы они́ Коростелёва: он зна́ет всё и неда́ром на жену́ своего́ дру́га смо́трит таки́ми глаза́ми, как бу́дто она́-то и есть са́мая гла́вная, настоя́щая злоде́йка, а дифтери́т то́лько её соо́бщник. Она́ уже́ не по́мнила ни лу́нного ве́чера на Во́лге, ни объясне́ний в любви́, ни поэти́ческой жи́зни в избе́, а по́мнила то́лько, что она́ из пусто́й при́хоти, из баловства́, вся, с рука́ми и с нога́ми, вы́мазалась во что-то гря́зное, ли́пкое, от чего никогда́ уж не отмо́ешься...

«Ах, как я стра́шно солга́ла! — ду́мала она́, вспомина́я о беспоко́йной любви́, кака́я у неё была́ с Рябо́вским. — Будь оно́ всё про́клято!..»

В четы́ре часа́ она́ обе́дала вме́сте с Коростелёвым. Он ничего́ не ел, пил то́лько кра́сное вино́ и хму́рился. Она́ то́же ничего́ не е́ла. То она́ мы́сленно моли́лась и дава́ла обе́т Бо́гу, что е́сли Ды́мов вы́здоровеет, то она́ полю́бит его́ опя́ть и бу́дет ве́рною жено́й. То, забы́вшись на мину́ту, она́ смотре́-

ла на Коростелёва и думала: «Неужели не скучно быть простым, ничем не замечательным, неизвестным человеком, да ещё с таким помятым лицом и с дурными манерами?» То ей казалось, что её сию минуту убьёт Бог за то, что она, боясь заразиться, ни разу ещё не была в кабинете у мужа. А в общем, было тупое унылое чувство и уверенность, что жизнь уже испорчена и что ничем её не исправишь...

После обеда наступили потёмки. Когда Ольга Ивановна вышла в гостиную, Коростелёв спал на кушетке, подложив под голову шёлковую подушку, шитую золотом. «Кхи-пуа... — храпел он, — кхи-пуа».

И доктора, приходившие дежурить и уходившие, не замечали этого беспорядка. То, что чужой человек спал в гостиной и храпел, и этюды на стенах, и причудливая обстановка, и то, что хозяйка была непричёсана и неряшливо одета, — всё это не возбуждало теперь ни малейшего интереса. Один из докторов нечаянно чему-то засмеялся, и как-то странно и робко прозвучал этот смех, даже жутко сделалось.

Когда Ольга Ивановна в другой раз вышла в гостиную, Коростелёв уже не спал, а сидел и курил.

— У него дифтерит носовой полости, — сказал он вполголоса. — Уже и сердце неважно работает. В сущности, плохи дела.

— А вы пошлите за Шреком, — сказала Ольга Ивановна.

— Был уже. Он-то и заметил, что дифтерит перешёл в нос. Э, да что Шрек! В сущности, ничего Шрек. Он Шрек, я Коростелёв — и больше ничего.

Время тянулось ужасно долго. Ольга Инановна

лежала одетая в неубранной с утра постели и дремала. Ей чудилось, что вся квартира от полу до потолка занята громадным куском железа и что стоит только вынести вон железо, как всем станет весело и легко. Очнувшись, она вспомнила, что это не железо, а болезнь Дымова.

«Nature morte, порт... — думала она, опять впадая в забытьё, — спорт... курорт... А как Шрек? Шрек, грек, врек... крек [35]. А где-то теперь мои друзья? Знают ли они, что у нас горе? Господи, спаси... избави. Шрек, грек...»

И опять железо... Время тянулось длинно, а часы в нижнем этаже били часто. И то и дело слышались звонки; приходили доктора... Вошла горничная с пустым стаканом на подносе и спросила:

— Барыня, постель прикажете постлать?

И, не получив ответа, вышла. Пробили внизу часы, приснился дождь на Волге, и опять кто-то вошёл в спальню, кажется посторонний. Ольга Ивановна вскочила и узнала Коростелёва.

— Который час? — спросила она.

— Около трёх.

— Ну что?

— Да что! Я пришёл сказать: кончается...

Он всхлипнул, сел на кровать рядом с ней и вытер слёзы рукавом. Она сразу не поняла, но вся похолодела и стала медленно креститься.

— Кончается... — повторил он тонким голоском и опять всхлипнул. — Умирает, потому что пожертвовал собой... Какая потеря для науки! — сказал он с горечью. — Это, если всех нас сравнить с ним, был великий, необыкновенный человек! Какие дарования! Какие надежды он подавал нам всем! —

60

продолжа́л Коростелёв, лома́я ру́ки. — Го́споди Бо́же мой, э́то был бы тако́й учёный, како́го тепе́рь с огнём не найдёшь [36]. О́ська Ды́мов, О́ська Ды́мов, что ты наде́лал! Ай-ай, Бо́же мой!

Коростелёв в отча́янии закры́л обе́ими рука́ми лицо́ и покача́л голово́й.

— А кака́я нра́вственная си́ла! — продолжа́л он, всё бо́льше озлобля́ясь на кого́-то. — До́брая, чи́стая, лю́бящая душа́ — не челове́к, а стекло́! Служи́л нау́ке и у́мер от нау́ки. А рабо́тал, как вол, день и ночь, никто́ его́ не щади́л, и молодо́й учёный, бу́дущий профе́ссор, до́лжен был иска́ть себе́ пра́ктику и по ноча́м занима́ться перево́дами, что́бы плати́ть вот за э́ти... по́длые тря́пки!

Коростелёв погляде́л с не́навистью на О́льгу Ива́новну, ухвати́лся за простыню́ обе́ими рука́ми и серди́то рвану́л, как бу́дто она́ была́ винова́та.

— И сам себя́ не щади́л, и его́ не щади́ли. Э, да что, в су́щности!

— Да, ре́дкий челове́к! — сказа́л кто-то ба́сом в гости́ной.

О́льга Ива́новна вспо́мнила всю свою́ жизнь с ним, от нача́ла до конца́, со все́ми подро́бностями, и вдруг поняла́, что э́то был в са́мом де́ле необыкнове́нный, ре́дкий и, в сравне́нии с те́ми, кого́ она́ зна́ла, вели́кий челове́к. И, вспо́мнив, как к нему́ относи́лись её поко́йный оте́ц и все това́рищи-врачи́, она́ поняла́, что все они́ ви́дели в нём бу́дущую знамени́тость. Сте́ны, потоло́к, ла́мпа и ковёр на полу́ замига́ли ей насме́шливо, как бы жела́я сказа́ть: «Прозева́ла! прозева́ла!» Она́ с пла́чем бро́силась из спа́льни, шмыгну́ла в гости́ной ми́мо како́го-то незнако́мого челове́ка и вбежа́ла в кабине́т к мужу. Он лежал неподвижно на турецком диване, покрытый до пояса одеялом. Лицо его страшно осунулось, похудело и имело серовато-жёлтый цвет, какого никогда не бывает у живых; и только по лбу, по чёрным бровям да по знакомой улыбке можно было узнать, что это Дымов. Ольга Ивановна быстро ощупала его грудь, лоб и руки. Грудь ещё была тепла, но лоб и руки были неприятно холодны. И полуоткрытые глаза смотрели не на Ольгу Ивановну, а на одеяло.

— Дымов! — позвала она громко. — Дымов!

Она хотела объяснить ему, что то была ошибка, что не всё потеряно, что жизнь ещё может быть прекрасной и счастливой, что он редкий, необыкновенный, великий человек и что она будет всю жизнь благоговеть перед ним, молиться и испытывать священный страх...

— Дымов! — звала она его, трепля его за плечо и не веря тому, что он уже никогда не проснётся. — Дымов, Дымов же!

А в гостиной Коростелёв говорил горничной:

— Да что тут спрашивать? Вы ступайте в церковную сторожку и спросите, где живут богаделки. Они и обмоют тело и уберут — всё сделают, что нужно.

1892

ЧЕЛОВЕК В ФУТЛЯРЕ

На самом краю села Мироносицкого, в сарае старосты Прокофия, расположились на ночлег запоздавшие охотники. Их было только двое: ветеринарный врач Иван Иваныч и учитель гимназии Буркин. У Ивана Иваныча была довольно странная, двойна́я фами́лия — Чимша́-Гимала́йский, кото́рая совсе́м не шла ему́, и его́ по всей губе́рнии[1] зва́ли про́сто по и́мени и о́тчеству; он жил о́коло го́рода на ко́нском заво́де и прие́хал тепе́рь на охо́ту, чтобы подыша́ть чи́стым во́здухом. Учи́тель же гимна́зии Бу́ркин ка́ждое ле́то гости́л у гра́фов П. и в э́той ме́стности давно́ уже́ был свои́м челове́ком[2].

Не спа́ли[3]. Ива́н Ива́ныч, высо́кий худоща́вый стари́к с дли́нными уса́ми, сиде́л снару́жи у вхо́да и кури́л тру́бку; его́ освеща́ла луна́. Бу́ркин лежа́л внутри́ на се́не, и его́ не́ было ви́дно в потёмках[4].

Расска́зывали ра́зные исто́рии. Ме́жду про́чим, говори́ли о том, что жена́ ста́росты, Ма́вра, же́нщина здоро́вая и неглу́пая, во всю свою́ жизнь нигде́ не была́ да́льше своего́ родно́го села́, никогда́ не ви́дела ни го́рода, ни желе́зной доро́ги, а в после́дние де́сять лет всё сиде́ла за пе́чью и то́лько по ноча́м выходи́ла на у́лицу.

— Что же тут удиви́тельного[5]! — сказа́л Бу́ркин. — Люде́й, одино́ких по нату́ре, кото́рые, как рак-отше́льник и́ли ули́тка, стара́ются уйти́ в свою́ скорлупу́, на э́том све́те нема́ло. Быть мо́жет, тут явле́ние атави́зма, возвраще́ние к тому́ вре́мени, когда́ пре́док челове́ка не был ещё обще́ственным живо́тным и жил одино́ко в свое́й берло́ге, а мо́жет быть, э́то про́сто одна́ из разнови́дностей челове́ческого хара́ктера, — кто зна́ет? Я не есте́ственник, и не моё де́ло каса́ться подо́бных вопро́сов; я то́лько хочу́ сказа́ть, что таки́е лю́ди, как Ма́вра, явле́ние не ре́дкое. Да вот, недалеко́ иска́ть[6], ме́сяца два наза́д у́мер у нас в го́роде не́кий Бе́ликов, учи́тель гре́ческого языка́, мой това́рищ. Вы о нём слы́шали, коне́чно. Он был замеча́телен тем, что всегда́, даже в очень хорошую погоду, выходил в калошах и с зонтиком и непременно в тёплом пальто на вате. И зонтик у него был в чехле и часы в чехле из серой замши, и когда вынимал перочинный нож, чтобы очинить карандаш, то и нож у него был в чехольчике; и лицо, казалось, тоже было в чехле, так как он всё время прятал его в поднятый воротник. Он носил тёмные очки, фуфайку, уши закладывал ватой, и когда садился на извозчика, то приказывал поднимать верх. Одним словом, у этого человека наблюдалось постоянное и непреодолимое стремление окружить себя оболочкой, создать себе, так сказать, футляр, который уединил бы его, защитил бы от внешних влияний. Действительность раздражала его, пугала, держала в постоянной тревоге, и, быть может, для того, чтобы оправдать эту свою робость, своё отвращение к настоящему, он всегда хвалил прошлое и то, чего никогда не было [7]; и древние языки, которые он преподавал, были для него, в сущности, те же калоши и зонтик, куда он прятался от действительной жизни.

— О, как звучен, как прекрасен греческий язык! — говорил он со сладким выражением; и, как бы в доказательство своих слов, прищуривал глаза и, подняв палец, произносил: — Антропос!

И мысль свою Беликов также старался запрятать в футляр. Для него были ясны только циркуляры и газетные статьи, в которых запрещалось что-нибудь. Когда в циркуляре запрещалось ученикам выходить на улицу после девяти часов вечера или в какой-нибудь статье запрещалась плотская любовь, то это было для него ясно, определённо; запрещено — и баста. В разрешении же и позволении скры-

64

вался для него всегда элемент сомнительный, что-то недосказанное и смутное. Когда в городе разрешали драматический кружок, или читальню, или чайную, то он покачивал головой и говорил тихо:

— Оно, конечно, так-то так, всё это прекрасно, да как бы чего не вышло [8].

Всякого рода нарушения, уклонения, отступления от правил приводили его в уныние, хотя, казалось бы, какое ему дело [9]? Если кто [10] из товарищей опаздывал на молебен, или доходили слухи о какой-нибудь проказе гимназистов, или видели классную даму поздно вечером с офицером, то он очень волновался и всё говорил, как бы чего не вышло. А на педагогических советах он просто угнетал нас своею осторожностью, мнительностью и своими чисто футлярными соображениями насчёт того, что вот-де в мужской и женской гимназиях молодёжь ведёт себя дурно, очень шумит в классах, — ах, как бы не дошло до начальства [11], ах, как бы чего не вышло, — и что если б из второго класса исключить Петрова, а из четвёртого — Егорова, то было бы очень хорошо. И что же [12]? Своими вздохами, нытьём, своими тёмными очками на бледном, маленьком лице, — знаете, маленьком лице, как у хорька, — он давил нас всех, и мы уступали, сбавляли Петрову и Егорову балл по поведению [13], сажали их под арест [14] и в конце концов исключали и Петрова и Егорова. Было у него странное обыкновение — ходить по нашим квартирам. Придёт [15] к учителю, сядет и молчит, и как будто что-то высматривает. Посидит этак, молча, час-другой и уйдёт. Это называлось у него «поддерживать добрые отношения с товарищами», и, очевидно, ходить к нам и сидеть было для него тяжело, и ходил он к нам только потому, что считал это своею товарищескою обязанностью. Мы, учителя, боялись его. И даже директор боялся. Вот подите же [16], наши учителя народ всё [17] мыслящий, глубоко порядочный, воспитанный на Тургеневе [18] и Щедрине [19], однако же этот человечек, ходивший всегда в калошах и с зонтиком, держал в руках всю гимназию целых пятнадцать лет! Да что гимназию? Весь город [20]! Наши дамы по субботам домашних спектаклей не устраивали, боялись, как бы он не узнал; и духовенство стеснялось при нём кушать скоромное и играть в карты. Под влиянием таких людей, как Беликов, за последние десять — пятнадцать лет в нашем городе стали бояться всего. Боятся громко говорить, посылать письма, знакомиться, читать книги, боятся помогать бедным, учить грамоте...

Иван Иваныч, желая что-то сказать, кашлянул, но сначала закурил трубку, поглядел на луну и потом уже сказал с расстановкой:

— Да. Мыслящие, порядочные, читают и Щедрина, и Тургенева, разных там Боклей [21] и прочее, а вот подчинились же, терпели... То-то вот оно и есть [22].

— Беликов жил в том же доме, где и я, — продолжал Буркин, — в том же этаже, дверь против двери, мы часто виделись, и я знал его домашнюю жизнь. И дома та же история: халат, колпак, ставни, задвижки, целый ряд всяких запрещений, ограничений, и — ах, как бы чего не вышло! Постное есть вредно, а скоромное нельзя, так как, пожалуй, скажут [23], что Беликов не исполняет постов, и он ел судака на коровьем масле [24] — пища не постная, но и нельзя́ сказа́ть чтобы скоро́мная. Же́нской при́слуги он не держа́л из стра́ха, чтобы о нём не ду́мали ду́рно, а держа́л по́вара Афана́сия, старика́ лет шести́десяти, нетре́звого и полоу́много, кото́рый когда́-то служи́л в денщика́х и уме́л кое-как стря́пать. Э́тот Афана́сий стоя́л обыкнове́нно у две́ри, скрести́в ру́ки, и всегда́ бормота́л одно́ и то же с глубо́ким вздо́хом:

— Мно́го уж *их* ны́нче развело́сь [25]!

Спа́льня у Бе́ликова была́ ма́ленькая, то́чно я́щик, крова́ть была́ с по́логом. Ложа́сь спать, он укрыва́лся с голово́й; было жа́рко, ду́шно, в закры́тые две́ри стуча́лся ве́тер, в пе́чке гуде́ло; слы́шались вздо́хи из ку́хни, вздо́хи злове́щие...

И ему́ было стра́шно под одея́лом. Он боя́лся, как бы чего́ не вы́шло, как бы его́ не заре́зал Афана́сий, как бы не забрали́сь во́ры, и пото́м всю ночь ви́дел трево́жные сны, а у́тром, когда́ мы вме́сте шли в гимна́зию, был ску́чен, бле́ден, и бы́ло ви́дно, что многолю́дная гимна́зия, в кото́рую он шёл, была́ страшна́, проти́вна всему́ существу́ его́ и что идти́ ря́дом со мной ему́, челове́ку по нату́ре одино́кому, бы́ло тя́жко.

— О́чень уж шумя́т у нас в кла́ссах, — говори́л он, как бы стара́ясь отыска́ть объясне́ние своему́ тяжёлому чу́вству. — Ни на что не похо́же [26].

И э́тот учи́тель гре́ческого языка́, э́тот челове́к в футля́ре, мо́жете себе́ предста́вить, едва́ не жени́лся.

Ива́н Ива́ныч бы́стро огляну́лся в сара́й и сказа́л:

— Шу́тите!

— Да, едва́ не жени́лся, как э́то ни стра́нно [27]. Назна́чили к нам но́вого учи́теля исто́рии и геогра́фии, некоего Коваленка [28], Михайла Саввича, из хохлов. Приехал он не один, а с сестрой Варенькой [29]. Он молодой, высокий, смуглый, с громадными руками, и по лицу видно, что говорит басом, и в самом деле, голос как из бочки: бу-бу-бу... А она уже не молодая, лет тридцати, но тоже высокая, стройная, чернобровая, краснощёкая, — одним словом, не девица, а мармелад, и такая разбитная, шумная, все поёт малороссийские романсы и хохочет. Чуть что, так и зальётся голосистым смехом [30]: ха-ха-ха! Первое, основательное знакомство с Коваленками у нас, помню, произошло на именинах [31] у директора. Среди суровых, напряжённо скучных педагогов, которые и на именины-то ходят по обязанности [32], вдруг видим, новая Афродита возродилась из пены: ходит подбоченясь, хохочет, поёт, пляшет... Она спела с чувством «Виют витры» [33], потом ещё романс, и ещё, и всех нас очаровала, — всех, даже Беликова. Он подсел к ней и сказал, сладко улыбаясь:

— Малороссийский язык своею нежностью и приятною звучностью напоминает древнегреческий.

Это польстило ей, и она стала рассказывать ему с чувством и убедительно, что в Гадячском уезде у неё есть хутор, а на хуторе живёт мамочка, и там такие груши, такие дыни, такие кабаки! У хохлов тыквы называются кабаками, а кабаки шинками, и варят у них борщ с красненькими и с синенькими «такой вкусный, такой вкусный, что просто — ужас!» [34].

Слушали мы, слушали, и вдруг всех нас осенила одна и та же мысль.

— А хорошо бы их поженить [35], — тихо сказала мне директорша.

Мы все почему-то вспомнили, что наш Беликов не женат, и нам теперь казалось странным, что мы до сих пор как-то не замечали, совершенно упускали из виду такую важную подробность в его жизни. Как вообще он относится к женщине, как он решает для себя этот насущный вопрос? Раньше это не интересовало нас вовсе; быть может, мы не допускали даже и мысли, что человек, который во всякую погоду ходит в калошах и спит под пологом, может любить.

— Ему давно уже за сорок [36], а ей тридцать... — пояснила свою мысль директорша. — Мне кажется, она бы за него пошла [37].

Чего только не делается у нас в провинции от скуки, сколько ненужного, вздорного! И это потому, что совсем не делается то, что нужно. Ну вот, к чему нам вдруг понадобилось женить этого Беликова, которого даже и вообразить нельзя было женатым? Директорша, инспекторша и все наши гимназические дамы ожили, даже похорошели, точно вдруг увидели цель жизни. Директорша берёт в театре ложу, и смотрим — в её ложе сидит Варенька с этаким веером, сияющая, счастливая, и рядом с ней Беликов, маленький, скрюченный, точно его из дому клещами вытащили. Я даю вечеринку, и дамы требуют, чтобы я непременно пригласил и Беликова и Вареньку. Одним словом, заработала машина [38]. Оказалось, что Варенька не прочь была замуж [39]. Жить ей у брата было не очень-то весело, только и знали [40], что по целым дням спорили и ругались. Вот вам сцена: идёт Коваленко по улице, высокий, здоровый верзила, в вышитой сорочке, чуб из-под фуражки падает на лоб; в одной руке пачка книг, в другой тóлстая суковáтая пáлка. За ним идёт сестрá, тóже с кни́гами.

— Да ты же, Михáйлик [41], э́того не читáл! — спóрит онá грóмко. — Я же тебé говорю́, кляну́сь, ты не читáл же э́того вóвсе!

— А я тебé говорю́, что читáл! — кричи́т Коваленко, гремя́ пáлкой по тротуáру.

— Ах же, Бóже ж мой, Ми́нчик [42]! Чегó же ты сéрдишься, ведь у нас же разговóр принципиáльный.

— А я тебé говорю́, что я читáл! — кричи́т ещё грóмче Коваленко.

А дóма, как кто посторо́нний, так и перепáлка [43]. Такáя жизнь, вероя́тно, наску́чила, хотéлось своегó углá, да и вóзраст приня́ть во внимáние; тут уж перебирáть нéкогда, вы́йдешь за когó угóдно, дáже за учи́теля грéческого языкá. И то сказáть [44], для большинствá нáших бáрышень за когó ни вы́йти, лишь бы вы́йти [45]. Как бы ни бы́ло [46], Вáренька стáла окáзывать нáшему Бéликову я́вную благоскло́нность.

А Бéликов? Он и к Ковалéнку ходи́л так же, как к нам. Придёт к нему́, ся́дет и молчи́т. Он молчи́т, а Вáренька поёт ему́ «Ви́ют ви́тры», и́ли гляди́т на негó заду́мчиво свои́ми тёмными глазáми, и́ли вдруг зальётся:

— Ха-ха-ха!

В любóвных делáх, а осóбенно в жени́тьбе, внушéние игрáет большу́ю роль. Все — и товáрищи и дáмы — стáли уверя́ть Бéликова, что он дóлжен жени́ться, что ему́ ничегó бóльше не остаётся в жи́зни, как жени́ться; все мы поздравля́ли егó, говори́ли с вáжными ли́цами рáзные пóшлости, вро́де того́-де, что [47] брак есть шаг серьёзный; к тому́ же Ва́ренька была́ недурна́ собо́й [48], интере́сна, она́ была́ дочь ста́тского сове́тника [49] и име́ла ху́тор, а гла́вное, э́то была́ пе́рвая же́нщина, кото́рая отнесла́сь к нему́ ла́сково, серде́чно, — голова́ у него́ закружи́лась, и он реши́л, что ему́ в са́мом де́ле ну́жно жени́ться.

— Вот тут бы и отобра́ть у него́ кало́ши и зо́нтик, — проговори́л Ива́н Ива́ныч.

— Предста́вьте, э́то оказа́лось невозмо́жным. Он поста́вил у себя́ на столе́ портре́т Ва́реньки и всё ходи́л ко мне и говори́л о Ва́реньке, о семе́йной жи́зни, о том, что брак есть шаг серьёзный, ча́сто быва́л у Ковале́нков, но о́браза жи́зни не измени́л ниско́лько. Да́же наоборо́т, реше́ние жени́ться поде́йствовало на него́ как-то боле́зненно, он похуде́л, побледне́л и, каза́лось, ещё глу́бже ушёл в свой футля́р.

— Варва́ра Са́ввишна мне нра́вится, — говори́л он мне со сла́бой криво́й улы́бочкой, — и я зна́ю, жени́ться необходи́мо ка́ждому челове́ку, но... всё э́то, зна́ете ли, произошло́ как-то вдруг... На́до поду́мать.

— Что же тут ду́мать? — говорю́ ему́. — Жени́тесь, вот и всё.

— Нет, жени́тьба — шаг серьёзный, на́до снача́ла взве́сить предстоя́щие обя́занности, отве́тственность... что́бы пото́м чего́ не вы́шло. Это меня́ так беспоко́ит, я тепе́рь все но́чи не сплю. И, призна́ться, я бою́сь: у неё с бра́том како́й-то стра́нный о́браз мы́слей, рассужда́ют они́ как-то, зна́ете ли, стра́нно, и хара́ктер о́чень бо́йкий. Же́нишься, а пото́м чего́ до́брого [50] попадёшь в каку́ю-нибу́дь исто́рию.

И он не делал предложения, всё откладывал, к великой досаде директорши и всех наших дам; всё взвешивал предстоящие обязанности и ответственность и между тем почти каждый день гулял с Варенькой, быть может думал, что это так нужно в его положении, и приходил ко мне, чтобы поговорить о семейной жизни. И, по всей вероятности, в конце концов он сделал бы предложение, и совершился бы один из тех ненужных, глупых браков, каких у нас от скуки и от нечего делать совершаются тысячи, если бы вдруг не произошёл kolossalische Skandal [51]. Нужно сказать, что брат Вареньки, Коваленко, возненавидел Беликова с первого же дня знакомства и терпеть его не мог.

— Не понимаю, — говорил он нам, пожимая плечами, — не понимаю, как вы перевариваете этого фискала, эту мерзкую рожу. Эх, господа, как вы можете тут жить! Атмосфера у вас удушающая, поганая. Разве вы педагоги, учителя? Вы чинодралы, у вас не храм науки, а управа благочиния, и кислятиной воняет, как в полицейской будке. Нет, братцы, поживу с вами ещё немного и уеду к себе на хутор, и буду там раков ловить и хохлят учить. Уеду, а вы оставайтесь тут со своим Иудой, нехай вин лопне [52].

Или он хохотал, хохотал до слёз то басом, то тонким писклявым голосом и спрашивал меня, разводя руками:

— Шо он у меня сидить [53]? Шо ему надо? Сидить и смотрить.

Он даже название дал Беликову «глитай абож паук» [54]. И, понятно, мы избегали говорить с ним о том, что сестра его Варенька собирается за [55] «абож паука». И когда однажды директорша намекнула ему́, что хорошо́ бы [56] пристро́ить его́ сестру́ за тако́го соли́дного, все́ми уважа́емого челове́ка, как Бе́ликов, то он нахму́рился и проворча́л:

— Не моё э́то де́ло. Пуска́й она́ выхо́дит хоть за гадю́ку, а я не люблю́ в чужи́е дела́ меша́ться.

Тепе́рь слу́шайте, что да́льше. Како́й-то прока́зник нарисова́л карикату́ру: идёт Бе́ликов в кало́шах, в подсу́ченных брю́ках, под зонто́м, и с ним под руку Ва́ренька; внизу́ по́дпись: «Влюблённый а́нтропос». Выраже́ние схва́чено, понима́ете ли, удиви́тельно. Худо́жник, должно́ быть, прорабо́тал не одну́ ночь [57], так как все учителя́ мужско́й и же́нской гимна́зии, учителя́ семина́рии, чино́вники — все получи́ли по экземпля́ру. Получи́л и Бе́ликов. Карикату́ра произвела́ на него́ са́мое тяжёлое впечатле́ние.

Выхо́дим [58] мы вме́сте из до́му, — э́то бы́ло как раз пе́рвое ма́я, воскресе́нье, и мы все, учителя́ и гимнази́сты, усло́вились сойти́сь у гимна́зии и пото́м вме́сте идти́ пешко́м за́ город в ро́щу, — выхо́дим мы, а он зелёный, мрачне́е ту́чи.

— Каки́е есть нехоро́шие, злы́е лю́ди! — проговори́л он, и гу́бы у него́ задрожа́ли.

Мне да́же жа́лко его́ ста́ло. Идём, и вдруг, мо́жете себе́ предста́вить, ка́тит на велосипе́де Кова́ленко, а за ним Ва́ренька, то́же на велосипе́де, кра́сная, заморённая, но весёлая, ра́достная.

— А мы, — кричи́т она́, — вперёд е́дем! Уже́ ж така́я хоро́шая пого́да, така́я хоро́шая, что про́сто у́жас!

И скры́лись о́ба. Мой Бе́ликов из зелёного стал бе́лым и то́чно оцепене́л. Останови́лся и смо́трит на меня́...

— Позво́льте [59], что же э́то тако́е? — спроси́л

он. — Или, быть мо́жет, меня́ обма́нывает зре́ние? Ра́зве преподава́телям гимна́зии и же́нщинам прили́чно е́здить на велосипе́де?

— Что же тут неприли́чного? — сказа́л я. И пусть ката́ются себе́ на здоро́вье [60].

— Да как же мо́жно? — кри́кнул он, изумля́ясь моему́ споко́йствию. — Что вы говори́те?!

И он был так поражён, что не захоте́л идти́ да́льше и верну́лся домо́й.

На друго́й день он всё вре́мя не́рвно потира́л ру́ку и вздра́гивал, и бы́ло ви́дно по лицу́, что ему́ нехорошо́. И с заня́тий ушёл, что случи́лось с ним пе́рвый раз в жи́зни. И не обе́дал. А под ве́чер оде́лся потепле́е, хотя́ на дворе́ стоя́ла совсе́м ле́тняя пого́да, и поплёлся к Ковале́нкам. Ва́реньки не́ было до́ма, заста́л он то́лько бра́та.

— Сади́тесь, поко́рнейше прошу́, — проговори́л Ковале́нко хо́лодно и нахму́рил бро́ви; лицо́ у него́ бы́ло за́спанное, он то́лько что отдыха́л по́сле обе́да и был си́льно не в ду́хе [61].

Бе́ликов посиде́л мо́лча мину́т де́сять и на́чал:

— Я к вам пришёл, чтоб облегчи́ть ду́шу. Мне о́чень, о́чень тяжело́. Како́й-то пасквиля́нт нарисова́л в смешно́м ви́де меня́ и ещё одну́ осо́бу, нам обо́им бли́зкую. Счита́ю до́лгом уве́рить вас, что я тут ни при чём [62]... Я не подава́л никако́го по́вода к тако́й насме́шке, — напро́тив же, всё вре́мя вёл себя́ как вполне́ поря́дочный челове́к.

Ковале́нко сиде́л, наду́вшись, и молча́л. Бе́ликов подожда́л немно́го и продолжа́л ти́хо, печа́льным го́лосом:

— И ещё я име́ю кое-что сказа́ть вам. Я давно́ служу́, вы же то́лько ещё начина́ете слу́жбу, и я считаю до́лгом, как ста́рший това́рищ, предостере́чь вас. Вы ката́етесь на велосипе́де, а э́та заба́ва соверше́нно неприли́чна для воспита́теля ю́ношества.

— Почему́ же? — спроси́л Ковале́нко ба́сом.

— Да ра́зве тут на́до ещё объясня́ть, Михаи́л Са́ввич, ра́зве э́то не поня́тно? Е́сли учи́тель е́дет на велосипе́де, то что же остаётся ученика́м? Им остаётся то́лько ходи́ть на голова́х! И раз э́то не разрешено́ циркуля́рно, то и нельзя́. Я вчера́ ужасну́лся! Когда́ я уви́дел ва́шу сестри́цу, то у меня́ помути́лось в глаза́х. Же́нщина и́ли де́вушка на велосипе́де — э́то ужа́сно!

— Что же, со́бственно, вам уго́дно [63]?

— Мне уго́дно то́лько одно́ — предостере́чь вас, Михаи́л Са́ввич. Вы — челове́к молодо́й, у вас впереди́ бу́дущее, на́до вести́ себя́ о́чень, о́чень осторо́жно, вы же так манки́руете, ох, как манки́руете! Вы хо́дите в вы́шитой соро́чке, постоя́нно на у́лице с каки́ми-то кни́гами, а тепе́рь вот ещё [64] велосипе́д. О том, что вы и ва́ша сестри́ца ката́етесь на велосипе́де, узна́ет дире́ктор, пото́м дойдёт до попечи́теля... Что же хоро́шего?

— Что я и сестра́ ката́емся на велосипе́де, никому́ нет до э́того де́ла [65]! — сказа́л Ковале́нко и побагрове́л. — А кто [66] бу́дет вме́шиваться в мои́ дома́шние и семе́йные дела́, того́ я пошлю́ к чертя́м соба́чьим [67].

Бе́ликов побледне́л и встал.

— Е́сли вы говори́те со мной таки́м то́ном, то я не могу́ продолжа́ть, — сказа́л он. — И прошу́ вас никогда́ так не выража́ться в моём прису́тствии о нача́льниках. Вы должны́ с уваже́нием относи́ться к властя́м.

— А ра́зве я говори́л что [68] дурно́е про власте́й? — спроси́л Ковале́нко, гля́дя на него́ со зло́бой. — Пожа́луйста, оста́вьте меня́ в поко́е. Я че́стный челове́к и с таки́м господи́ном, как вы, не жела́ю разгова́ривать. Я не люблю́ фиска́лов.

Бе́ликов не́рвно засуети́лся и стал одева́ться бы́стро, с выраже́нием у́жаса на лице́. Ведь э́то пе́рвый раз в жи́зни он слы́шал таки́е гру́бости.

— Мо́жете говори́ть, что вам уго́дно, — сказа́л он, выходя́ из пере́дней на площа́дку ле́стницы. — Я до́лжен то́лько предупреди́ть вас: быть мо́жет, нас слы́шал кто-нибу́дь, и что́бы не перетолкова́ли на́шего разгово́ра и чего́-нибу́дь не вы́шло, я до́лжен бу́ду доложи́ть господи́ну дире́ктору содержа́ние на́шего разгово́ра... в гла́вных черта́х. Я обя́зан э́то сде́лать.

— Доложи́ть? Ступа́й докла́дывай!

Ковале́нко схвати́л его́ сза́ди за воротни́к и пихну́л, и Бе́ликов покати́лся вниз по ле́стнице, гремя́ свои́ми кало́шами. Ле́стница была́ высо́кая, крута́я, но он докати́лся до́низу благополу́чно, встал и потро́гал себя́ за нос: це́лы ли очки́? Но как раз в то вре́мя, когда́ он кати́лся по ле́стнице, вошла́ Ва́ренька и с не́ю две да́мы; они́ стоя́ли внизу́ и гляде́ли — и для Бе́ликова э́то бы́ло ужа́снее всего́. Лу́чше бы, ка́жется, слома́ть себе́ ше́ю, о́бе ноги́, чем стать посме́шищем: ведь тепе́рь узна́ет весь го́род, дойдёт до дире́ктора, попечи́теля, — ах, как бы чего́ не вы́шло! — нарису́ют но́вую карикату́ру, и ко́нчится всё э́то тем, что прика́жут пода́ть в отста́вку [69]...

Когда́ он подня́лся, Ва́ренька узна́ла его́ и, гля́дя на его́ смешно́е лицо́, помя́тое пальто́, кало́ши, не понима́я, в чём де́ло, полага́я, что э́то он упа́л сам нечаянно, не удержалась и захохотала на весь дом [70]:

— Ха-ха-ха!

И этим раскатистым, заливчатым «ха-ха-ха» завершилось всё: и сватовство, и земное существование Беликова. Уже он не слышал, что говорила Варенька, и ничего не видел. Вернувшись к себе домой, он прежде всего убрал со стола портрет, а потом лёг и уже больше не вставал.

Дня через три пришёл ко мне Афанасий и спросил, не надо ли послать за доктором, так как-де с барином что-то делается. Я пошёл к Беликову. Он лежал под пологом, укрытый одеялом, и молчал; спросишь его, а он только да или нет — и больше ни звука. Он лежит, а возле бродит Афанасий, мрачный, нахмуренный, и вздыхает глубоко; а от него водкой, как из кабака [71].

Через месяц Беликов умер. Хоронили мы его все, то есть обе гимназии и семинария. Теперь, когда он лежал в гробу, выражение у него было кроткое, приятное, даже весёлое, точно он был рад, что наконец его положили в футляр, из которого он уже никогда не выйдет. Да, он достиг своего идеала! И как бы в честь его, во время похорон была пасмурная, дождливая погода, и все мы были в калошах и с зонтами. Варенька тоже была на похоронах и, когда гроб опускали в могилу, всплакнула. Я заметил, что хохлушки только плачут или хохочут, среднего же настроения у них не бывает.

Признаюсь, хоронить таких людей, как Беликов, это большое удовольствие. Когда мы возвращались с кладбища, то у нас были скромные, постные физиономии; никому не хотелось обнаружить этого чу́вства удово́льствия, — чу́вства, похо́жего на то, како́е мы испы́тывали давно́-давно́, ещё в де́тстве, когда́ ста́ршие уезжа́ли и́з дому и мы бе́гали по са́ду час-друго́й, наслажда́ясь по́лною свобо́дой. Ах, свобо́да, свобо́да! Да́же намёк, да́же сла́бая наде́жда на её возмо́жность даёт душе́ кры́лья, не пра́вда ли?

Верну́лись мы с кла́дбища в до́бром расположе́нии. Но про́шло не бо́льше неде́ли, и жизнь потекла́ по-пре́жнему, така́я же суро́вая, утоми́тельная, бестолко́вая, жизнь, не запрещённая циркуля́рно, но и не разрешённая вполне́; не ста́ло лу́чше. И в са́мом де́ле, Бе́ликова похорони́ли, а ско́лько ещё таки́х челове́ков [72] в футля́ре оста́лось, ско́лько их ещё бу́дет!

— То-то вот оно́ и есть [22], — сказа́л Ива́н Ива́ныч и закури́л тру́бку.

— Ско́лько их ещё бу́дет! — повтори́л Бу́ркин.

Учи́тель гимна́зии вы́шел из сара́я. Э́то был челове́к небольшо́го ро́ста, то́лстый, соверше́нно лы́сый, с чёрной бородо́й чуть не по по́яс [73], и с ним вы́шли две соба́ки.

— Луна́-то, луна́! — сказа́л он, гля́дя вверх.

Была́ уже́ по́лночь. Напра́во ви́дно бы́ло всё село́, дли́нная у́лица тяну́лась далеко́, вёрст на пять. Всё бы́ло погружено́ в ти́хий, глубо́кий сон; ни движе́ния, ни зву́ка, да́же не ве́рится, что в приро́де мо́жет быть так ти́хо. Когда́ в лу́нную ночь ви́дишь широ́кую се́льскую у́лицу с её и́збами, стога́ми, усну́вшими и́вами, то на душе́ стано́вится ти́хо; в э́том своём поко́е, укры́вшись в ночны́х те́нях от трудо́в, забо́т и го́ря, она́ кротка́, печа́льна, прекра́сна, и ка́жется, что и звёзды смо́трят на неё ла́сково и с умилением, и что зла уже́ нет на земле́, и всё благополу́чно. Нале́во с кра́я села́ начина́лось по́ле; оно́ бы́ло ви́дно далеко́, до горизо́нта, и во всю ширь э́того по́ля, за́литого лу́нным све́том, то́же ни движе́ния, ни зву́ка.

— То-то вот оно́ и есть, — повтори́л Ива́н Ива́ныч. — А ра́зве то, что мы живём в го́роде в духоте́, в тесноте́, пи́шем нену́жные бума́ги, игра́ем в винт — ра́зве э́то не футля́р? А то, что мы прово́дим всю жизнь среди́ безде́льников, сутя́г, глу́пых, пра́здных же́нщин, говори́м и слу́шаем ра́зный вздор — ра́зве э́то не футля́р? Вот е́сли жела́ете, то я расскажу́ вам одну́ о́чень поучи́тельную исто́рию [74].

— Нет, уж пора́ спать, — сказа́л Бу́ркин. — До за́втра.

Оба пошли́ в сара́й и легли́ на се́не. И уже́ о́ба укры́лись и задрема́ли, как вдруг послы́шались лёгкие шаги́: туп, туп... Кто́-то ходи́л недалеко́ от сара́я; пройдёт немно́го и остано́вится, а че́рез мину́ту опя́ть: туп, туп... Соба́ки заворча́ли.

— Э́то Ма́вра хо́дит, — сказа́л Бу́ркин.

Шаги́ зати́хли.

— Ви́деть и слы́шать, как лгут, — проговори́л Ива́н Ива́ныч, повора́чиваясь на друго́й бок, — и тебя́ же называ́ют дурако́м за то, что ты те́рпишь э́ту ложь; сноси́ть оби́ды, униже́ния, не сметь откры́то заяви́ть, что ты на стороне́ че́стных, свобо́дных люде́й, и самому́ лгать, улыба́ться, и всё э́то из-за куска́ хле́ба, из-за тёплого угла́, из-за како́го-нибудь чини́шка, кото́рому грош цена́ [75], — нет, бо́льше жить так невозмо́жно!

— Ну, уж это вы из другой оперы [76], Иван Иваныч, — сказал учитель. — Давайте спать.

И минут через десять Буркин уже спал. А Иван Иваныч все ворочался с боку на бок и вздыхал, а потом встал, опять вышел наружу и, севши у дверей, закурил трубочку.

1898

ДУШЕЧКА

Оленька [1], дочь отставного коллежского асессора Племянникова, сидела у себя во дворе на крылечке задумавшись. Было жарко, назойливо приставали мухи, и было так приятно думать, что скоро уже вечер. С востока надвигались тёмные дождевые тучи, и оттуда изредка потягивало влагой.

Среди двора стоял Кукин, антрепренёр и содержатель увеселительного сада «Тиволи», квартировавший тут же во дворе, во флигеле, и глядел на небо.

— Опять! — говорил он с отчаянием. — Опять будет дождь! Каждый день дожди, каждый день дожди — точно нарочно! Ведь это петля! Это разоренье! Каждый день страшные убытки!

Он всплеснул руками и продолжал, обращаясь к Оленьке:

— Вот вам, Ольга Семёновна, наша жизнь. Хоть плачь! Работаешь, стараешься, мучишься, ночей не спишь, всё думаешь, как бы лучше, — и что же? С одной стороны, публика, невежественная, дикая. Даю ей самую лучшую оперетку, феёрию, великолепных куплетистов, но разве ей это нужно? Разве она в этом понимает что-нибудь? Ей нужен балаган!

Ей подавай пошлость! С другой стороны, взгляните на погоду. Почти каждый вечер дождь. Как зарядило с десятого мая, так потом весь май и июнь [2], просто ужас! Публика не ходит, но ведь я за аренду плачу? Артистам плачу?

На другой день под вечер опять надвигались тучи, и Кукин говорил с истерическим хохотом:

— Ну что ж? И пускай! Пускай хоть весь сад зальёт, хоть меня самого! Чтоб мне не было счастья ни на этом, ни на том свете! Пускай артисты подают на меня в суд! Что суд? Хоть на каторгу в Сибирь! Хоть на эшафот [3]! Ха-ха-ха!

И на третий день то же...

Оленька слушала Кукина молча, серьёзно, и, случалось, слёзы выступали у неё на глазах. В конце концов несчастья Кукина тронули её, она его полюбила. Он был мал ростом, тощ, с жёлтым лицом, с зачёсанными височками, говорил жидким тенорком, и когда говорил, то кривил рот; и на лице у него всегда было написано отчаяние, но всё же он возбудил в ней настоящее, глубокое чувство. Она постоянно любила кого-нибудь и не могла без этого [4]. Раньше она любила своего папашу, который теперь сидел больной, в тёмной комнате, в кресле, и тяжело дышал; любила свою тётю, которая иногда, раз в два года, приезжала из Брянска [5]; а ещё раньше, когда училась в прогимназии, любила своего учителя французского языка. Это была тихая, добродушная, жалостливая барышня с кротким, мягким взглядом, очень здоровая. Глядя на её полные розовые щёки, на мягкую белую шею с тёмной родинкой, на добрую, наивную улыбку, которая бывала на её лице, когда она слушала что-нибудь приятное, мужчины думали: «Да, ничего себе...»[6] — и тоже улыбались, а гостьи-дамы не могли удержаться, чтобы вдруг среди разговора не схватить её за руку и не проговорить в порыве удовольствия:

— Душечка!

Дом, в котором она жила со дня рождения и который в завещании был записан на её имя, находился на окраине города, в Цыганской слободке[7], недалеко от сада «Тиволи»; по вечерам и по ночам ей слышно было, как в саду играла музыка, как лопались с треском ракеты, и ей казалось, что это Кукин воюет со своей судьбой и берёт приступом своего главного врага — равнодушную публику; сердце у неё сладко замирало, спать совсем не хотелось, и когда под утро он возвращался домой, она тихо стучала в окошко из своей спальни и, показывала ему сквозь занавески только лицо и одно плечо, ласково улыбалась...

Он сделал предложение, и они повенчались. И когда он увидал как следует её шею и полные здоровые плечи, то всплеснул руками и проговорил:

— Душечка!

Он был счастлив, но так как в день свадьбы и потом ночью шёл дождь, то с его лица не сходило выражение отчаяния.

После свадьбы жили хорошо. Она сидела у него в кассе, смотрела за порядками в саду, записывала расходы, выдавала жалованье, и её розовые щёки, милая, наивная, похожая на сияние, улыбка мелькали то в окошечке кассы, то за кулисами, то в буфете. И она уже говорила своим знакомым, что сáмое замечáтельное, сáмое вáжное и нýжное на свéте — э́то теáтр и что получи́ть и́стинное наслаждéние и стать образóванным и гумáнным мóжно тóлько в теáтре.

— Но рáзве пýблика понимáет э́то? — говори́ла онá. — Ей нýжен балагáн! Вчерá у нас шёл «Фáуст наизнáнку» [8], и почти́ все лóжи бы́ли пусты́е, а éсли бы мы с Вáничкой [9] постáвили какýю-нибýдь пóшлость, то, повéрьте, теáтр был бы битко́м наби́т. Зáвтра мы с Вáничкой стáвим «Орфéя в адý» [10], приходи́те.

И что говори́л о теáтре и об актёрах Кýкин, то повторя́ла и онá. Пýблику онá так же, как и он, презирáла за равнодýшие к искýсству и за невéжество, на репети́циях вмéшивалась, поправля́ла актёров, смотрéла за поведéнием музыкáнтов, и когдá в мéстной газéте неодобри́тельно отзывáлись о теáтре, то онá плáкала и пото́м ходи́ла в редáкцию объясня́ться.

Актёры люби́ли её и называ́ли «мы с Вáничкой» и «дýшечкой»; онá жалéла их и давáла им понемнóжку взаймы́, и éсли, случáлось, её обмáнывали, то онá тóлько потихóньку плáкала, но мýжу не жáловалась.

И зимóй жи́ли хорошó. Сня́ли городскóй теáтр на всю зи́му и сдавáли егó на корóткие срóки то малоросси́йской трýппе, то фóкуснику, то мéстным люби́телям. Óленька полнéла и вся сия́ла от удовóльствия, а Кýкин худéл и желтéл и жáловался на стрáшные убы́тки, хотя́ всю зи́му делá шли недýрно. По ночáм он кáшлял, а онá пои́ла егó мали́ной и ли́повым цвéтом, натирáла одеколóном, кýтала в свои́ мя́гкие шáли.

— Како́й ты у меня́ сла́вненький! — говори́ла она́ соверше́нно и́скренно, пригла́живая ему́ во́лосы. — Како́й ты у меня́ хоро́шенький!

В Вели́ком посту́ [11] он уе́хал в Москву́ набира́ть тру́ппу, а она́ без него́ не могла́ спать, всё сиде́ла у окна́ и смотре́ла на звёзды. И в э́то вре́мя она́ сра́внивала себя́ с ку́рами, кото́рые то́же всю ночь не спят и испы́тывают беспоко́йство, когда́ в куря́тнике нет петуха́. Ку́кин задержа́лся в Москве́ и писа́л, что вернётся к Свято́й, и в пи́сьмах уже́ де́лал распоряже́ния насчёт «Ти́воли». Но под Страстно́й понеде́льник, по́здно ве́чером, вдруг разда́лся злове́щий стук в воро́та; кто-то бил в кали́тку, как в бо́чку: бум! бум! бум! Со́нная куха́рка, шлёпая босы́ми нога́ми по лу́жам, побежа́ла отворя́ть.

— Отвори́те, сде́лайте ми́лость! — говори́л кто-то за воро́тами глухи́м ба́сом. — Вам телегра́мма!

О́ленька и ра́ньше получа́ла телегра́ммы от му́жа, но тепе́рь почему́-то так и обомле́ла. Дрожа́щими рука́ми она́ распеча́тала телегра́мму и прочла́ сле́дующее:

«Ива́н Петро́вич сконча́лся сего́дня скоропости́жно сюча́ла ждём распоряже́ний хо́хороны [12] вто́рник».

Так и бы́ло напеча́тано в телегра́мме «хо́хороны» и како́е-то ещё непоня́тное сло́во «сюча́ла»; по́дпись была́ режиссёра опере́точной тру́ппы.

— Голу́бчик мой! — зарыда́ла О́ленька. — Ва́ничка мой ми́ленький, голу́бчик мой! Заче́м же я с тобо́й повстреча́лася [13]? Заче́м я тебя́ узна́ла и полюби́ла! На кого́ ты поки́нул свою́ бе́дную О́леньку, бе́дную, несча́стную?

Ку́кина похорони́ли во вто́рник, в Москве́, на Вага́нькове [14]; Оленька верну́лась домо́й в сре́ду, и как то́лько вошла́ к себе́, то повали́лась на посте́ль и зарыда́ла так гро́мко, что слы́шно бы́ло на у́лице и в сосе́дних двора́х.

— Ду́шечка! — говори́ли сосе́дки, крестя́сь. — Ду́шечка Ольга Семёновна, ма́тушка, как убива́ется!

Три ме́сяца спустя́ как-то Оленька возвраща́лась от обе́дни, печа́льная, в глубо́ком тра́уре. Случи́лось, что с не́ю шёл ря́дом, то́же возвраща́вшийся из це́ркви, оди́н из её сосе́дей, Васи́лий Андре́ич Пустова́лов, управля́ющий лесны́м скла́дом купца́ Бабака́ева. Он был в соло́менной шля́пе и в бе́лом жиле́те с золото́й цепо́чкой и походи́л бо́льше на поме́щика, чем на торго́вца.

— Вся́кая вещь име́ет свой поря́док. Ольга Семёновна, — говори́л он степе́нно, с сочу́вствием в го́лосе, — и е́сли кто [15] из на́ших бли́жних умира́ет, то, зна́чит, так Бо́гу уго́дно, и в э́том слу́чае мы должны́ себя́ по́мнить и переноси́ть с поко́рностью.

Доведя́ Оленьку до кали́тки, он прости́лся и пошёл да́лее. По́сле э́того весь день слы́шался ей его́ степе́нный го́лос, и едва́ она́ закрыва́ла глаза́, как мере́щилась его́ тёмная борода́. Он ей о́чень понра́вился. И, повиди́мому, она́ то́же произвела́ на него́ впечатле́ние, потому́ что немно́го погодя́ к ней пришла́ пить ко́фе одна́ пожила́я да́ма, ма́ло ей знако́мая, кото́рая как то́лько се́ла за стол, то неме́для заговори́ла о Пустова́лове, о том, что он хоро́ший, соли́дный челове́к и что за него́ с удово́льствием пойдёт [16] вся́кая неве́ста. Че́рез три дня пришёл с визи́том и сам Пустова́лов; он сиде́л недо́лго, мину́т десять, и говорил мало, но Оленька его полюбила, так полюбила, что всю ночь не спала и горела, как в лихорадке, а утром послала за пожилой дамой. Скоро её просватали, потом была свадьба.

Пустовалов и Оленька, поженившись, жили хорошо. Обыкновенно он сидел в лесном складе до обеда, потом уходил по делам, и его сменяла Оленька, которая сидела в конторе до вечера и писала там счета и отпускала товар.

— Теперь лес с каждым годом дорожает на двадцать процентов, — говорила она покупателям и знакомым. — Помилуйте, прежде мы торговали местным лесом, теперь же Васичка [17] должен каждый год ездить за лесом в Могилёвскую губернию [18]. А какой тариф! — говорила она, в ужасе закрывая обе щёки руками. — Какой тариф!

Ей казалось, что она торгует лесом уже давно-давно, что в жизни самое важное и нужное это лес, и что-то родное, трогательное слышалось ей в словах: балка, кругляк, тёс, шелёвка, безымянка, решетник, лафет, горбыль... По ночам, когда она спала, ей снились целые горы досок и тёса, длинные бесконечные вереницы подвод, везущих лес куда-то далеко за город; снилось ей, как целый полк двенадцатиаршинных, пятивершковых брёвен стоймя шёл войной на лесной склад, как брёвна, балки и горбыли стукались, издавая гулкий звук сухого дерева, всё падало и опять вставало, громоздясь друг на друга; Оленька вскрикивала во сне, и Пустовалов говорил ей нежно:

— Оленька, что с тобой, милая? Перекрестись!

Какие мысли были у мужа, такие и у неё. Если он думал, что в комнате жарко или что дела теперь стали тихие, то так думала и она. Муж её не любил никаких развлечений и в праздники сидел дома, и она тоже.

— И всё вы дома или в конторе, — говорили знакомые. — Вы бы сходили в театр, душечка, или в цирк.

— Нам с Васичкой некогда по театрам ходить, — отвечала она степенно. — Мы люди труда, нам не до пустяков [19]. В театрах этих что хорошего?

По субботам Пустовалов и она ходили ко всенощной, в праздники к ранней обедне и, возвращаясь из церкви, шли рядышком, с умилёнными лицами, от обоих хорошо пахло, и её шёлковое платье приятно шумело; а дома пили чай со сдобным хлебом и с разными вареньями, потом кушали пирог. Каждый день в полдень во дворе и за воротами на улице вкусно пахло борщом и жареной бараниной или уткой, а в постные дни — рыбой, и мимо ворот нельзя было пройти без того, чтобы не захотелось есть [20]. В конторе всегда кипел самовар, и покупателей угощали чаем с бубликами. Раз в неделю супруги ходили в баню и возвращались оттуда рядышком, оба красные.

— Ничего [21], живём хорошо, — говорила Оленька знакомым, — слава Богу. Дай Бог всякому жить, как мы с Васичкой [22].

Когда Пустовалов уезжал в Могилёвскую губернию за лесом, она сильно скучала и по ночам не спала, плакала. Иногда по вечерам приходил к ней полковой ветеринарный врач Смирнин, молодой человек, квартировавший у неё во флигеле. Он рассказывал ей что-нибудь или играл с нею в карты, и это её развлекало. Особенно интересны были рассказы из его собственной семейной жизни; он был женат и имел сына, но с женой разошёлся, так как она ему изменила, и теперь он её ненавидел и высылал ей ежемесячно по сорока рублей на содержание сына. И, слушая об этом, Оленька вздыхала и покачивала головой, и ей было жаль его.

— Ну, спаси вас Господи [23], — говорила она, прощаясь с ним и провожая его со свечой до лестницы. — Спасибо, что поскучали со мной, дай Бог вам здоровья, Царица Небесная [24]...

И всё она выражалась так степенно, так рассудительно, подражая мужу; ветеринар уже скрывался внизу за дверью, а она окликала его и говорила:

— Знаете, Владимир Платоныч, вы бы помирились с вашей женой. Простили бы её хоть ради сына!.. Мальчишечка-то небось всё понимает.

А когда возвращался Пустовалов, она рассказывала ему вполголоса про ветеринара и его несчастную семейную жизнь, и оба вздыхали и покачивали головами и говорили о мальчике, который, вероятно, скучает по отце, потом, по какому-то странному течению мыслей, оба становились перед образами, клали земные поклоны и молились, чтобы Бог послал им детей.

И так прожили Пустоваловы тихо и смирно, в любви и полном согласии шесть лет. Но вот как-то зимой Василий Андреич в складе, напившись горячего чаю, вышел без шапки отпускать лес, простудился и занемог. Его лечили лучшие доктора, но болезнь взяла своё, и он умер, проболев четыре месяца. И Оленька опять овдовела.

— На кого же ты меня покинул, голубчик мой? — рыдала она, похоронив мужа. — Как же я теперь буду жить без тебя, горькая я и несчастная? Люди добрые, пожалейте меня, сироту круглую.

Она ходила в чёрном платье с плерезами и уже отказалась навсегда от шляпки и перчаток, выходила из дому редко, только в церковь или на могилку мужа, и жила дома как монашенка. И только когда прошло шесть месяцев, она сняла плерезы и стала открывать на окнах ставни. Иногда уже видели по утрам, как она ходила за провизией на базар со своей кухаркой, но о том, как она жила у себя теперь и что делалось у неё в доме, можно было только догадываться. По тому, например, догадывались, что видели, как она в своём садике пила чай с ветеринаром, а он читал ей вслух газету, и ещё по тому, что, встретясь на почте с одной знакомой дамой, она сказала:

— У нас в городе нет правильного ветеринарного надзора, и от этого много болезней. То и дело слышишь, люди заболевают от молока и заражаются от лошадей и коров. О здоровье домашних животных, в сущности надо заботиться так же, как о здоровье людей.

Она повторяла мысли ветеринара и теперь была обо всём такого же мнения, как он. Было ясно, что она не могла прожить без привязанности и одного года и нашла своё новое счастье у себя во флигеле. Другую бы осудили за это, но об Оленьке никто не мог подумать дурно, и всё было так понятно в её жизни. Она и ветеринар никому не говорили о перемене, какая произошла в их отношениях, и старались скрыть, но это им не удавалось, потому что у Оленьки не могло быть тайн. Когда к нему приходили гости, его сослуживцы по полку, то она, наливая им чай или подавая ужинать, начинала говорить о чуме́ на рога́том скоте́, о жемчу́жной боле́зни, о городски́х бо́йнях, а он стра́шно конфу́зился и, когда́ уходи́ли го́сти, хвата́л её за́ руку и шипе́л серди́то:

— Я ведь проси́л тебя́ не говори́ть о том, чего́ ты не понима́ешь! Когда́ мы, ветерина́ры, говори́м ме́жду собо́й, то, пожа́луйста, не вме́шивайся. Это наконе́ц ску́чно!

А она́ смотре́ла на него́ с изумле́нием и с трево́гой и спра́шивала:

— Воло́дичка [25], о чём же мне говори́ть?

И она́ со слеза́ми на глаза́х обнима́ла его́, умоля́ла не серди́ться, и о́ба бы́ли сча́стливы.

Но, одна́ко, э́то сча́стье продолжа́лось недо́лго. Ветерина́р уе́хал вме́сте с полко́м, уе́хал навсегда́, так как полк перевели́ куда́-то о́чень далеко́, чуть ли не в Сиби́рь. И О́ленька оста́лась одна́.

Тепе́рь уже́ она́ была́ соверше́нно одна́. Оте́ц давно́ уже́ у́мер, и кре́сло его́ валя́лось на чердаке́, запылённое, без одно́й но́жки. Она́ похуде́ла и подурне́ла, и на у́лице встре́чные уже́ не гляде́ли на неё, как пре́жде, и не улыба́лись ей; очеви́дно, лу́чшие го́ды уже́ прошли́, оста́лись позади́, и тепе́рь начина́лась кака́я-то но́вая жизнь, неизве́стная, о кото́рой лу́чше не ду́мать. По вечера́м О́ленька сиде́ла на крыле́чке, и ей слы́шно бы́ло, как в «Ти́воли» игра́ла му́зыка и ло́пались раке́ты, но э́то уже́ не вызыва́ло никаки́х мы́слей. Гляде́ла она́ безуча́стно на свой пусто́й двор, ни о чём не ду́мала, ничего́ не хоте́ла, а пото́м, когда́ наступа́ла ночь, шла спать и ви́дела во сне свой пусто́й двор. Е́ла и пила́ она́ то́чно понево́ле.

А гла́вное, что ху́же всего́, у неё уже́ не́ было никаких мнений. Она видела кругом себя предметы и понимала всё, что происходило кругом, но ни о чём не могла составить мнения и не знала, о чём ей говорить. А как это ужасно, не иметь никакого мнения! Видишь, например, как стоит бутылка, или идёт дождь, или едет мужик на телеге, но для чего эта бутылка, или дождь, или мужик, какой в них смысл, сказать не можешь и даже за тысячу рублей ничего не сказал бы. При Кукине и Пустовалове и потом при ветеринаре Оленька могла объяснить всё и сказала бы своё мнение о чём угодно, теперь же и среди мыслей и в сердце у неё была такая же пустота, как и на дворе. И так жутко и так горько, как будто объелась полыни.

Город мало-помалу расширялся во все стороны: Цыганскую слободку уже называли улицей, и там, где были сад «Тиволи» и лесные склады, выросли уже дома и образовался ряд переулков. Как быстро бежит время! Дом у Оленьки потемнел, крыша заржавела, сарай покосился, и весь двор порос бурьяном и колючей крапивой. Сама Оленька постарела, подурнела; летом она сидит на крылечке, и на душе у неё по-прежнему и пусто, и нудно, и отдаёт полынью, а зимой сидит она у окна и глядит на снег. Повеет ли весной, донесёт ли ветер звон соборных колоколов, и вдруг нахлынут воспоминания о прошлом, сладко сожмётся сердце, и из глаз польются обильные слёзы, но это только на минуту, а там опять пустота, и неизвестно, зачем живёшь. Чёрная кошечка Брыска ласкается и мягко мурлычет, но не трогают Оленьку эти кошачьи ласки. Это ли ей нужно? Ей бы такую любовь [26], которая захватила бы всё её существо, всю душу, разум, дала бы ей мы́сли, направле́ние жи́зни, согре́ла бы её старе́ющую кровь. И она́ стря́хивает с подо́ла чёрную Бры́ску и говори́т ей с доса́дой:

— Поди́, поди́... Не́чего тут!

И так день за днём, год за го́дом, — и ни одно́й ра́дости, и нет никако́го мне́ния. Что сказа́ла Ма́вра-куха́рка, то и хорошо́.

В оди́н жа́ркий ию́льский день, под ве́чер, когда́ по у́лице гна́ли городско́е ста́до и весь двор напо́лнился облака́ми пы́ли, вдруг кто́-то постуча́л в кали́тку. О́ленька пошла́ сама́ отворя́ть и, как взгляну́ла, так и обомле́ла: за воро́тами стоя́л ветерина́р Сми́рнин, уже́ седо́й и в шта́тском пла́тье. Ей вдруг вспо́мнилось всё, она́ не удержа́лась, запла́кала и положи́ла ему́ го́лову на грудь, не сказа́вши ни одного́ сло́ва, и в си́льном волне́нии не заме́тила, как о́ба пото́м вошли́ в дом, как се́ли чай пить.

— Голу́бчик мой! — бормота́ла она́, дрожа́ от ра́дости. — Влади́мир Плато́ныч! Отку́да Бог принёс?

— Хочу́ здесь совсе́м посели́ться, — расска́зывал он. — По́дал в отста́вку и вот прие́хал попро́бовать сча́стья на во́ле, пожи́ть осе́длой жи́знью. Да и сы́на пора́ уж отдава́ть в гимна́зию. Вы́рос. Я́-то, зна́ете ли, помири́лся с жено́й.

— А где же она́? — спроси́ла О́ленька.

— Она́ с сы́ном в гости́нице, а я вот хожу́ и кварти́ру ищу́.

— Го́споди, ба́тюшка, да возьми́те у меня́ дом! Чем не кварти́ра? Ах, Го́споди, да я с вас ничего́ и не возьму́, — заволнова́лась О́ленька и опя́ть запла́кала. — Живи́те тут, а с меня́ и фли́геля дово́льно. Ра́дость-то, Го́споди!

На друго́й день уже́ кра́сили на до́ме кры́шу и белили стены, и Оленька, подбоченясь, ходила по двору и распоряжалась. На лице её засветилась прежняя улыбка, и вся она ожила, посвежела, точно очнулась от долгого сна. Приехала жена ветеринара, худая, некрасивая дама с короткими волосами и с капризным выражением, и с нею мальчик, Саша [27], маленький не по летам (ему шёл уже десятый год [28]), полный, с ясными голубыми глазами и с ямочкой на щеках. И едва мальчик вошёл во двор, как побежал за кошкой, и тотчас же послышался его весёлый, радостный смех.

— Тётенька, это ваша кошка? — спросил он у Оленьки. — Когда она у вас ощенится, то, пожалуйста, подарите нам одного котёночка. Мама очень боится мышей.

Оленька поговорила с ним, напоила его чаем, и сердце у неё в груди стало вдруг тёплым и сладко сжалось, точно этот мальчик был её родной сын. И когда вечером он, сидя в столовой, повторял уроки, она смотрела на него с умилением и с жалостью и шептала:

— Голубчик мой, красавчик... Деточка моя, и уродился же ты такой умненький, такой беленький.

— Островом называется, — прочёл он, — часть суши, со всех сторон окружённая водою.

— Островом называется часть суши... — повторила она, и это было её первое мнение, которое она высказала с уверенностью после стольких лет молчания и пустоты в мыслях.

И она уже имела свои мнения и за ужином говорила с родителями Саши о том, как теперь детям трудно учиться в гимназиях, но что всё-таки классическое образование лучше реального, так как из гимна́зии всю́ду откры́та доро́га: хо́чешь — иди́ в доктора́ [29], хо́чешь — в инженёры.

Са́ша стал ходи́ть в гимна́зию. Его́ мать уе́хала в Ха́рьков к сестре́ и не возвраща́лась; оте́ц его́ ка́ждый день уезжа́л куда́-то осма́тривать гу́рты и, случа́лось, не жива́л до́ма дня по три [30], и О́леньке каза́лось, что Са́шу совсе́м забро́сили, что он ли́шний в до́ме, что он умира́ет с го́лоду; и она́ перевела́ его́ к себе́ во фли́гель и устро́ила его́ там в ма́ленькой ко́мнате.

И вот уже́ прошло́ полго́да, как Са́ша живёт у неё во фли́геле. Ка́ждое у́тро О́ленька вхо́дит в его́ ко́мнату; он кре́пко спит, подложи́в ру́ку под щёку, не ды́шит. Ей жаль буди́ть его́.

— Са́шенька, — говори́т она́ печа́льно, — встава́й, голу́бчик! В гимна́зию пора́.

Он встаёт, одева́ется, мо́лится Бо́гу, пото́м сади́тся чай пить; выпива́ет три стака́на ча́ю и съеда́ет два больши́х бу́блика и полфранцу́зского хле́ба с ма́слом. Он ещё не совсе́м очну́лся от сна и потому́ не в ду́хе.

— А ты Са́шенька, не твёрдо вы́учил ба́сню, — говори́т О́ленька и гляди́т на него́ так, бу́дто провожа́ет его́ в да́льнюю доро́гу. — Забо́та мне с тобо́й [31]. Уж ты стара́йся, голу́бчик, учи́сь... Слу́шайся учителе́й.

— Ах, оста́вьте пожа́луйста! — говори́т Са́ша.

Зате́м он идёт по у́лице в гимна́зию, сам ма́ленький, но в большо́м карту́зе, с ра́нцем на спине́. За ним бесшу́мно идёт О́ленька.

— Са́шенька-а! — оклика́ет она́.

Он огля́дывается, а она́ суёт ему́ в ру́ку фи́ник и́ли караме́льку. Когда́ повора́чивают в тот переу́лок, где стои́т гимна́зия, ему́ стано́вится со́вестно, что за ним идёт высо́кая, по́лная же́нщина; он огля́дывается и говори́т:

— Вы, тётя, иди́те домо́й, а тепе́рь уже́ я сам дойду́.

Она́ остана́вливается и смо́трит ему́ вслед не мига́я, пока́ он не скрыва́ется в подъе́зде гимна́зии. Ах, как она́ его́ лю́бит! Из её пре́жних привя́занностей ни одна́ не была́ тако́ю глубо́кой, никогда́ ещё ра́ньше [32] её душа́ не покоря́лась так беззаве́тно, бескоры́стно и с тако́й отра́дой, как тепе́рь, когда́ в ней всё бо́лее и бо́лее разгора́лось матери́нское чу́вство. За э́того чужо́го ей ма́льчика, за его́ я́мочки на щека́х, за карту́з она́ отдала́ бы всю жизнь, отдала́ бы с ра́достью, со слеза́ми умиле́ния. Почему́? А кто ж его́ зна́ет [33] — почему́?

Проводи́в Са́шу в гимна́зию, она́ возвраща́ется домо́й ти́хо, така́я дово́льная, поко́йная, любвеоби́льная; её лицо́, помолоде́вшее за после́дние полго́да [34], улыба́ется, сия́ет; встре́чные, гля́дя на неё, испы́тывают удово́льствие и говоря́т ей:

— Здра́вствуйте, ду́шечка О́льга Семёновна! Как пожива́ете, ду́шечка?

— Тру́дно тепе́рь ста́ло в гимна́зии учи́ться, — расска́зывает она́ на база́ре. — Шу́тка ли, вчера́ в пе́рвом кла́ссе зада́ли ба́сню наизу́сть, да перево́д лати́нский, да зада́чу... Ну, где тут ма́ленькому [35]?

И она́ начина́ет говори́ть об учителя́х, об уро́ках, об уче́бниках, — то же са́мое, что говори́т о них Са́ша.

В тре́тьем часу́ вме́сте обе́дают, ве́чером вме́сте гото́вят уро́ки и пла́чут. Укла́дывая его́ в посте́ль, она́ до́лго кре́стит его́ и ше́пчет моли́тву, пото́м, ложась спать, грéзит о том бýдущем, далёком и тумáнном, когдá Сáша, кóнчив курс, стáнет дóктором или инженéром, бýдет имéть сóбственный большóй дом, лошадéй, коля́ску, жéнится и у негó родя́тся дéти... Онá засыпáет и всё дýмает о том же, и слéзы текýт у неё по щекáм из закрытых глаз. И чёрная кóшечка лежит у неё под бóком и мурлычет:

— Мур... мур... мур...

Вдруг сильный стук в калитку. Óленька просыпáется и не дышит от стрáха; сéрдце у неё сильно бьётся. Прохóдит полминýты, и опя́ть стук.

«Это телегрáмма из Хáрькова, — дýмает онá, начинáя дрожáть всем тéлом. — Мать трéбует Сáшу к себé в Хáрьков [36]... О Гóсподи!»

Онá в отчáянии; у неё холодéют головá, нóги, рýки, и кáжется, что несчáстнее её нет человéка во всём свéте. Но прохóдит ещё минýта, слышатся голосá: это ветеринáр вернýлся домóй из клýба.

«Ну, слáва Бóгу», — дýмает онá.

От сéрдца мáло-помáлу отстаёт тя́жесть, опя́ть станóвится легкó; онá ложится и дýмает о Сáше, который спит крéпко в сосéдней кóмнате и изредка говорит в бредý:

— Я ттебé! Пошёл вон! Не дерись [37]!

1899

он дерётся в школе.

может быть Душечки доволен человек, но её путь не легка. Эти не хорошие характеристи для мальчика.

96

NOTES

ПОПРЫГУ́НЬЯ

1 Титуля́рный сове́тник: 'titular councillor'; the ninth grade in the ranks of the Russian civil service.

2 сверхшта́тный ордина́тор: 'supernumerary house physician' or 'dispenser'; a doctor attached to a hospital but not on its permanent staff.

3 рубле́й на пятьсо́т в год: 'bringing in about five hundred roubles a year'.

4 взяла́ себя́ в ру́ки: 'pull herself together'.

5 из неё вы́йдет толк: 'she shows promise'.

6 Си́доров или Тара́сов: ordinary, unremarkable Rusisan surnames.

7 здра́вствуйте, победи́ла до́бра мо́лодца: 'hey presto, I conquered my valiant knight'; до́бра мо́лодца is the accusative form, using the short form of the adjective, which is archaic but is commonly found in Russian folk poetry where the hero is often referred to as до́брый мо́лодец. The stress is nowadays on the final syllable of молоде́ц.

8 вре́зался по са́мые у́ши: 'fell up to the ears in love'.

9 как снег на́ голову: 'out of the blue'.

10 его́ лицо́ обращено́ к нам в три че́тверти: 'we have a three-quarter front view of his face'.

11 лубо́чный: 'wood-cut'; adjective from лубо́к, a cheap print or wood-cut.

¹² Óльга Ивáновна обыкновéнно éхала: 'Olga Ivanovna would usually be off to see'; after the adverb обыкновéнно one is taught to expect éздить rather than éхать: Chekhov's use here and elsewhere of éхать to describe repeated actions emphasises the journey itself. The completion of the journey to its destination is assumed, but is not a sure result.

¹³ принимáли её, как сво́ю: 'welcomed her as one of themselves'.

¹⁴ не как-нибýдь: 'not just anyhow'.

¹⁵ завя́зывала ли комý гáлстук: 'whether she was tying someone's tie'; комý here stands for комý-нибýдь, 'someone or other'. The omission of the particle -нибýдь is common in colloquial Russian and can here be justified by Chekhov's wish to avoid frequent repetition of it in this paragraph.

¹⁶ У кáждого своё: 'Everyone has their own interests'.

¹⁷ как по мáслу: 'smoothly'.

¹⁸ Э́то óблако у вас кричи́т: 'this cloud of yours is too loud'.

¹⁹ что-то, понимáете ли, не то...: 'something is just not quite right'.

²⁰ второ́й день Тро́йцы: 'Whit Monday'.

²¹ они́ ско́ро придýт: 'The mistress will be back shortly'; the plural was used conventionally by servants of their master or mistress.

²² какóе мне дéло да Ды́мова: 'What do I care about Dymov'.

²³ возьмý и поги́бну: 'I'll just go and die'.

²⁴ ни с того́, ни с сего́: 'for no apparent reason'.

²⁵ Мази́ни: Angelo Masini (1844—1926); Italian tenor. He sang in Moscow during the seasons 1876—77 and 1877—78. From 1879 until 1903 he was the

leading tenor of the Italian opera in St. Petersburg.

26 На чём? На па́лочке верхо́м?: 'How do you think you are going? On a broomstick?' The Russian expression is quite common.

27 Поле́нов: Vasilii Dmitrievich Polyenov (1844—1927); Russian painter. Among his pupils was Levitan.

28 nature morte; 'still life'.

29 что ска́жете хоро́шенького?: 'and what are the news?'

30 пе́рвый сорт: 'top quality'; here used meaninglessly merely for the rhyme.

31 Ludwig Barnay (1842—1924), German actor.

32 го́голевского Оси́па: Osip was Khlestakov's servant in Gogol's play «Ревизо́р».

33 Да и не к чему́, в су́щности: 'There is no point in your going in, really'.

34 Тех, кто на рожо́н ле́зет, по настоя́щему под суд отдава́ть на́до: 'Those who take serious risks really should be put on trial'.

35 врек... крек: meaningless sounds; Olga is trying to rhyme Шрек.

36 с огнём не найдёшь: 'you will never find one'; this is a contraction of the popular saying: «днём с огнём не сы́щешь», literally: 'you will not find it even with a light in daylight'.

ЧЕЛОВЕ́К В ФУТЛЯ́РЕ

1 губе́рния: 'province'; an administrative region in pre-revolutionary Russia.

2 был свои́м челове́ком: 'he was welcomed into the household'.

3 Не спа́ли: 'no one slept'; this simple Russian sentence

may imply also 'they could not sleep' and 'they did not want to sleep'.

4 его нé было вѝдно: 'he was invisible'.

5 Что же тут удивѝтельного!: 'There is nothing surprising in that!'

6 недалекó искáть: 'one does not have to look far'.

7 то, чегó никогдá нé было: 'that which had never been'.

8 — Онó, конéчно, так-то так, всё ѝто прекрáсно, да как бы чегó не вѝшло: 'That, of course, is so, it is all very well, so long as nothing happens'. The phrase «как бы чегó не вѝшло» recurs in the text and expresses Belikov's fears whenever he is faced with a new situation.

9 хотя́, казáлось бы, какóе емý дéло?: 'although it would not seem to be any of his business'.

10 кто: 'one', 'someone'; кто here stands for кто-нибýдь.

11 как бы не дошлó до начáльства: 'as long as it does not get to the authorities'.

12 И что же?: 'And what do you suppose?'

13 сбавля́ть балл по поведéнию: 'to take off points for bad behaviour'.

14 сажáть под арéст: 'to put in detention'.

15 The future perfective tense as well as the present tense is used sometimes to describe habitual action in the past and is equivalent here to the past imperfective.

16 Вот подѝте же: 'Take note'.

17 всё here is emphatic and may be translated by 'very'.

18 Тургéнев: Ivan Sergeyevich Turgenev (1818—1883) and

19 Щедрѝн: Mikhail Yevgrafovich Saltykov (1826—

1889) who wrote under the pen-name of N. Shchedrin. Turgenev's early cycle of stories, «Записки охотника», deals with the conditions of life of the Russian peasant, and his novels treat contemporary social and political problems openly and objectively. Shchedrin's stories are sharply satirical. Ivan Ivanich in his reply suggests that although Burkin's colleagues may have read both these writers they cannot have taken in the democratic spirit of their work if they allow themselves to be tyrannised by Belikov.

[20] Да что гимназию? Весь город!: 'What do mean — the grammar school? I should have said the whole town!'

[21] разных там Боклей и прочее: 'various people like Buckle'; Бокль is the transliteration into Russian of Henry Thomas Buckle (1821—1862), author of the "History of Civilization in England" which had been translated into Russian.

[22] то-то вот оно и есть: 'that is how it is'.

[23] скажут: 'it would be said'; see note 15.

[24] коровье масло: 'butter'; during Lent Orthodox Christians are forbidden to eat butter or animal fat; sun-flower seed oil is used instead for cooking.

[25] Много уж их нынче развелось!: 'There are a lot of them about now!' Afanasy's remark reveals his suspicion of the growing number of people with ideas hostile to the established order, just as Belikov's refrain «как бы чего не вышло» has shown us his fears.

[26] Ни на что не похоже: 'It's outrageous'.

[27] как это ни странно: 'strange as it may seem'.

[28] Коваленка; in modern Russian usage surnames in -енко are not declined. Such surnames are Ukrainian

in origin and in Ukrainian they are declined. Burkin is using colloquial Russian when he declines the name and he is probably also being gently ironic towards Kovalenko by declining his name in a way which to a Russian is incorrect. In the same sentence he refers to the Ukrainians as «хохлы́», a Russian nickname for the Ukrainians derived from the Cossack hair-style. Chekhov refers to himself in letters as «хохо́л» since he had a Ukrainian background himself, having been born and brought up in Taganrog.

29 Ва́ренька; affectionate form of the name Варва́ра.

30 Чуть что, так и зальётся: 'It hardly needs anything to set her off laughing heartily'.

31 Имени́ны: 'Saint's day'; every Christian-name was the name of a saint, whose date in the church calendar was one's saint's day. On this day people would call with present, flowers or just good wishes; one's birthday, on the other hand, was ignored except in the family circle.

32 кото́рые и на имени́ны-то хо́дят по обя́занности: 'who even go to visit on saint's days out of a sense of duty'.

33 «Ви́ют ви́тры»: 'The Winds Blow'; a traditional Ukrainian song, well-known in Russia at the time.

34 тако́й вку́сный, что про́сто у́жас!: 'so delicious, I could scream'.

35 А хорошо́ бы их пожени́ть: 'it would be a good idea to get them married'.

36 ему́ давно́ уже́ за со́рок: 'he is long past forty'.

37 она́ бы за него́ пошла́: 'she would marry him'; a colloquial variant of «она́ бы вы́шла за него́ за́муж».

[38] заработала машина: 'the wheels began to turn'.

[39] Варенька не прочь была замуж: 'Varenka was all in favour of getting married'.

[40] только и знали, что... спорили: 'the only thing they did was argue'.

[41] Михайлик; affectionate form of the Ukrainian name Михайло.

[42] Минчик; affectionate form of Михайло.

[43] как кто посторонний, так и перепалка: 'as soon as a stranger came there was bound to be a row'.

[44] и то сказать: 'I must say'.

[45] за кого ни выйти, лишь бы выйти: 'the only thing that mattered was to get married, to whom was not important'.

[46] как бы ни было: 'however it was', i.e. 'whatever the reason'.

[47] вроде того-де, что: 'like when people say that'.

[48] недурна собой: 'not bad-looking'.

[49] статский советник: 'state councillor'; the fifth grade in the ranks of the Russian civil service, equivalent to a major-general in the military.

[50] чего доброго: 'for all I know'

[51] kolossalische Skandal; this rather unusual German phrase is easily recognisable to a Russian as «колоссальный скандал»; колоссальный has the literal meaning of 'colossal'. It has also acquired a colloquial meaning, like 'tremendous' but this is not mentioned in Russian dictionaries until well into the 20th century.

[52] нехай вин лопне: Ukrainian for 'may he burst'.

[53] Шо он у меня сидить? Шо ему надо?: 'What is he sitting in my flat for? What does he want?'; elements of the Ukrainian language enter Kovalenko's

speech — шо for что and the soft sign on the ending of the third person of the present tense.

[54] глитай абож паук: «глитай» is the Ukrainian for spider, so the phrase means 'spider or spider'.

[55] собирается за: 'was about to marry'.

[56] хорошо бы: 'it would be a good idea to'.

[57] не одну ночь: 'for several nights', i.e.; 'for a long time'.

[58] выходим: 'We came out of doors'.

[59] позвольте: this word normally means 'allow'; here it expresses Belikov's sense of outrage — 'excuse *me*, but'.

[60] и пусть катаются себе на здоровье: 'let them ride as much as they like'.

[61] сильно не в духе: 'in a very bad temper'.

[62] я тут ни при чём: 'I have nothing to do with it'.

[63] что же собственно вам угодно?: 'just what is it you want?'

[64] вот ещё: 'on top of everything'.

[65] никому нет до этого дела: 'this is nobody's business'.

[66] кто: 'anyone who'.

[67] того я пошлю к чертям собачьим; this was a common expression in Taganrog according to one account. An English equivalent, though less expressive, is 'I'll send him to the devil'.

[68] что: 'anything'.

[69] кончится всё это тем, что прикажут подать в отставку: 'it would all finish with his being ordered to resign'.

[70] она захохотала на весь дом: 'her roar of laughter echoed all round the house'.

[71] а от него водкой, как из кабака: 'he smelt of vodka like the door out of a tavern'; the instrumental case

of во́дка is required by the verb for 'smells' or 'wafts' (несёт, па́хнет etc.) which is understood.

[72] челове́ков: the usual genitive plural of челове́к is «люде́й»; this special form is used to retain the form of the phrase «челове́к в футля́ре».

[73] чуть не по по́яс: 'almost down to his waist'.

[74] я расскажу́ вам одну́ поучи́тельную исто́рию; the story «Челове́к в футля́ре» was followed by «Крыжо́вник» narrated by Ivan Ivanich, and by a third story with the same characters, «О любви́», narrated by Alyekhin who is introduced in «Крыжо́вник».

[75] кото́рому грош цена́: 'not worth a halfpenny'.

[76] уж э́то вы из друго́й о́перы: 'now that is quite a different matter'.

ДУ́ШЕЧКА

[1] О́ленька; affectionate form of the name О́льга.

[2] как заряди́ло с деся́того ма́я, так пото́м весь май и ию́нь: 'it began on May 10th and its kept on like this right through May and June'.

[3] Что суд? Хоть на ка́торгу в Сиби́рь! Хоть на эшафо́т!: 'Trial? They may as well send me to Siberia! Or to the scaffold!'

[4] не могла́ без э́того: 'she couldn't help it'.

[5] Брянск: a town and region of south western Russia, famous for its forests.

[6] ничего́ себе́: 'rather nice'.

[7] Цыга́нская слобо́дка: 'Gypsy settlement'; слобода́ was the name given to an area, usually on the outskirts of a town, where a minority section of the population settled.

[8] «Фа́уст наизна́нку»: "Faust Inside Out"; title of

Russian version of "Le petit Faust", a parody by Hervé (1882–1892) of Gounod's opera "Faust".

⁹ Ва́нинка; affectionate form of Ива́н.

¹⁰ «Орфе́й в аду́»: "Orpheus in the Underworld"; operetta by Jean-Jacques Offenbach, first performed in 1874.

¹¹ Вели́кий пост: 'Lent'; literally: "the Great Fast", one of three annual periods of fast in the Orthodox Church. During these certain foods were forbidden, notably meat and butter.

¹² хо́хороны: a misprint for по́хороны: funeral; it is suggestive of Russian words for laughter, such as: хо хо, хо́хот, хохота́ть. сю́чала is a misprint for снача́ла, but may have a slight suggestion of the word for surprise: сюрпри́з.

¹³ повстреча́лася: from повстреча́ться (pf.), a colloquial verb meaning to meet by chance, bump into.

¹⁴ Вага́ньково: 'Vagankovo cemetry'; one of Moscow's cemetries. Besides several outstanding figures in Russian literature and science, paupers were buried there.

¹⁵ кто here stands for кто-то: 'someone'.

¹⁶ за него́ пойдёт: 'would marry him'; a colloquial form of за него́ вы́йдет за́муж.

¹⁷ Ва́сичка; affectionate form of Васи́лий.

¹⁸ Могилёвская губе́рния: 'Mogilyov Province'; Mogilyov is a town in Byelo-Russia.

¹⁹ нам не до: 'we have no time for'.

²⁰ без того́, что́бы захоте́лось есть: 'without beginning to feel hungry'.

²¹ ничего́: 'all right'.

²² Дай Бог вся́кому жить, как мы с Ва́сичкой: 'God grant that everyone live as well as Vasichka and I'.

²³ спаси́ вас Го́споди: 'God be your salvation'.

²⁴ Дай Бог вам здоро́вья, Цари́ца Небе́сная: 'God grant you health, Empress of Heaven'.

²⁵ Воло́дичка; affectionate form of Влади́мир.

²⁶ Ей бы таку́ю любо́вь: 'she needs the sort of love'.

²⁷ Са́ша; affectionate form of Алекса́ндр; ма́ленький не по лета́м: 'small for his age'.

²⁸ ему́ шёл уже деся́тый год: 'he was nine'.

²⁹ хо́чешь — иди́ в доктора́: 'if you want to, you can become a doctor'.

³⁰ и, случа́лось, не жива́л до́ма дня по́ три: 'and it would happen that he might be away from home for about three days at a time'.

³¹ забо́та мне с тобо́й: 'you are a handful'.

³² никогда́ ещё ра́ньше: 'never before'.

³³ А кто ж его зна́ет?: 'Does anyone really know'.

³⁴ за после́дние полго́да: 'in the last six months'.

³⁵ Ну, где тут ма́ленькому: 'How can a child manage?'

³⁶ Мать тре́бует Са́шу к себе́ в Ха́рьков: 'Sasha's mother is demanding that he go and live with her in Kharkov'.

³⁷ Я ттебе́! Пошёл! Не дери́сь!: 'I'll show you! Get out! Stop fighting!'

USING THE VOCABULARY

The meanings given are those which occur in the texts. They are not necessarily the only meanings of the words listed, or even their commonest meanings.

Verbs are given in the aspect in which they occur in the texts; if perfective, the letters pf. indicate this. Where both aspects occur the verb is listed alphabetically under the imperfective infinitive and the perfective follows the oblique stroke; if the perfective is not close alphabetically to the imperfective it is listed with a cross-reference to the imperfective.

Abbreviations used:

(acc.): accusative
(adj.): adjective
(dat.): dative
(fut. pf.): future perfective tense.
(ger.): gerund
(imper.): imperative

(instr.): instrumental
(past.): past tense
(past pass. part.): past passive participle
(pf.): perfective
(pl.): plural
(pres.): present tense

VOCABULARY

А

адски: devilishly, hellishly
аккомпанировать: to accompany (musically)
аккорд: chord
актёр: actor
акцент: accent
алебарда: halberd
алмазный: diamond (adj.)
альбом: album
анималист: painter of animals.
антрепренёр: manager
антропос: (Greek for 'man')
аптека: chemist's
аренда: lease
атавизм: atavism
артист: actor, artiste
атмосфера: atmosphere

Б

баба: peasant woman
базар: market
балаган: fair ground entertainment
балка: beam
баловство: over-indulgence
баня: bath house
баранина: mutton
баранка: roll
барин: gentleman; the master
барыня: mistress, lady
барышня: young lady
бас: bass voice
басня: fable
баста; и баста: and that's that
батюшка: my dear fellow, old chap
бац: bang
бегать: to run, run around
бедный: poor, wretched
бедняжка: poor fellow; бедняжка отец: poor father
бедуин: bedouin
бежать: to be running; бежит время: time flies
без: without; без него: when he was away
безграничный: boundless
бездельник: idler
бездонный: bottomless
беззаветно: wholeheartedly
безотчётный: unconscious
безразлично: the same
безропотный: uncomplaining
безумно: madly
безучастно: apathetically
безымянка: short thin board
беленький: fair-haired
белить: to paint white
белокурый: fair-haired
белорыбица: white salmon
белый: white
бенгальский: Bengal (adj.)
бенефис: benefit peformance
берёт: pres. of брать
берлога: lair
бесконечный: infinite, endless
бескорыстно: unselfishly
беспокойный: worrying, restless; беспокойнейший: most upsetting
беспокойство: anxiety
беспокоить: to worry
беспорядок: disorder, disarray

109

бессме́ртный: immortal
бессо́ница: insomnia
бестолко́вый: stupid
бесхара́ктерный: weak-willed
бесшу́мно: silently
бирюзо́вый: turquoise
битко́м наби́т: cram-full
бить: to strike, knock; to strike (of clock)
би́ться: to beat (of heart)
благогове́ть: to revere
благода́рный: grateful
благодаря́ (+ dat.): thanks to
благополу́чно: safely, unharmed
благоро́дный: noble
благоскло́нность: good favour, inclination
благотво́рный: beneficial, salutory
благочи́ние: hypocrisy
блаже́нный: blissful
бле́дный: pale
блеск: brilliance, glitter
блестя́щий: glistening, brilliant
бли́зкий: close
блю́до: dish
Бог: God
богоде́лка: woman of an alms-house
боготвори́ть: to idolize
Бо́же: Oh God!
бо́жий избра́нник: God's elect
бо́йкий: pert
бо́йня: abattoir
бок: side; с бо́ку на́ бок: from one side onto the other
боле́зненно: in an unhealthy way
боле́знь: illness
боле́ть: to be ill; to hurt
боль: pain; до бо́ли жаль: extremely sorry
больни́ца: hospital
больно́й: invalid
бо́льше: more; бо́льше не: no more, never again

большинство́: majority
бормота́ть/пробормота́ть: to mutter, mumble
борода́: beard
боро́дка: little beard
борт: rail (on a ship)
борщ: borshch (a thick soup)
босо́й: barefoot
бо́чка: barrel
боя́ться (pres.: бою́сь, бои́тся): to fear, be afraid of
брак: marriage
брат: brother
бра́тцы: fellows
брать/взять: to take
бред: delirium
бревно́ (pl.: брёвна): log
бри́тый: clean-shaven
бровь: eyebrow
броди́ть: to drift, wander
броса́ть/бро́сить: to abandon, give up
бро́ситься (pf.): to rush
бро́шу: fut. pf. of бро́сить
брю́ки: trousers
брюне́т: dark-haired man
бу́блик: bublik, a ring-shaped roll
бу́дка: booth, sentry-box
бу́дущее: the future
бу́дущий: future
букв́ально: literally
бума́га: paper
бурья́н: weed, long grass.
буты́лка: bottle
буфе́т: buffet, refreshment bar
были́на: bylina, an epic folk poem
бы́стрый: quick
быть мо́жет: perhaps
бьётся: pres. of би́ться
бю́стик: bust

В

ва́жный: important; pompous
валя́ться: to lie about, be scattered around; to lie idle

варе́ние: jam
вари́ть: to cook
варя́г: Varangian
ва́та: cotton wool; пальто́ на
  ва́те: padded coat
ватерпру́ф: waterproof
вбежа́ть (pf.): to run in
вверх: upwards, upstairs
вдаль: into the distance
вдруг: suddenly
вдыха́ть: to breathe in, inhale.
ведёт: pres. of вести́
ведь: but, really, you see, you
  know; (an emphatic particle,
  sometimes best not trans-
  lated at all.)
ве́ер: fan
ве́жливость: politeness
везде́: everywhere
везти́ (pres. part.: везу́щий):
  to be transporting, to carry
ве́ко (pl.: ве́ки): eyelid
вёл: past of вести́
веле́ть: to command, order
вели́кий: great
великоду́шие: magnanimity
великоду́шный: magnani-
  mous, generous
великоле́пный: magnificent
велосипе́д: bicycle
венециа́нский: Venetian
венча́льный наря́д: wedding
  dress
венча́ние: wedding
верени́ца: train, string
верзи́ла: lanky fellow
ве́рить: to believe
ве́риться; не ве́рится: it is
  unbelievable
верну́ться: pf. of воз-
  враща́ться
ве́рный: faithful
вероя́тно: probably
вероя́тность: probability
верста́ (gen. pl.: вёрст): a
  verst (about one kilometre)
верх: hood, roof; top; верхо́м:
  on horseback
ве́рхний: top

весёлый: cheerful, gay
весно́ю: in the spring
вести́: to lead, take; вести́
  разгово́р: to carry on a con-
  versation; вести́ себя́: to
  behave
ветерина́р: vet
ветерина́рный врач: veteri-
  nary surgeon
ветчина́: ham
ве́чер: evening; ве́чером: in
  the evening; по вечера́м: in
  the evenings; под ве́чер:
  towards evening
вечери́нка: party
вече́рний: evening (adj.); по
  вече́рнему: as in the even-
  ing
ве́чность: eternity
ве́чный: eternal
вещь: thing
взаймы́: on loan
взве́сить (pf.): to weigh up
взгляд: look, expression
взгляну́ть (pf.): to glance
вздор: rubbish, nonsense
вздо́рный: absurd
вздох: sigh
вздохну́ть: pf. of вздыха́ть
вздра́гивать/вздро́гнуть: to
  shiver, shudder, wince, start,
  jump.
вздыха́ть/вздохну́ть: to sigh
взять: pf. of брать
вид: aspect, form, appearance;
  на вид: to look at; в виду́:
  in view of
ви́деться: to see one another
ви́дно: visible
визи́т: visit; отда́ть визи́т: to
  return a visit; прийти́ с ви-
  зи́том: to pay a visit
вино́: wine
винова́тый: guilty, to blame
винт: whist
виньети́ст: vignettist
виолончели́ст: cellist
висе́ть: to hang
висо́к: temple (of head)

височек; зачёсанные височки: hair combed forward over the temples
вишнёвый: cherry (adj.)
вкус: taste
вкусный: tasty
влага: moisture
власть: power
власти (pl.): the authorities
влияние: influence
влюбиться (pf.): to fall in love
влюблённый: in love
вместе: together
вмешиваться: to interfere
внешний: external
вниз: down, downstairs
внизу: downstairs, below
внутри: inside
внушение: suggestion
вовсе: at all
возбуждать/возбудить: to arouse
возвращаться/вернуться: to return
возвращение: return
воздух: air
возиться: to run about
возле: beside
возможность: possibility
возмужалость: maturity
возненавидеть: pf. of ненавидеть
возраст: age
возродиться (pf.): to be returned to life, reborn
возьмите: imper. of взять, see брать
воевать: to wage war
война: war
войти: pf. of входить
вол: ox
волна: wave; flounce
волнение: agitation, excitement
волноваться/заволноваться: to become agitated
волосы: hair

воля: freedom; на воле: at liberty
вонять: to stink
воображать/вообразить: to imagine
воображение: imagination
вообще: on the whole, generally
вопрос: question
вор: thief
ворона: crow
ворота: gate
воротник: collar
ворочаться: to toss and turn
воскресенье: Sunday
воспитанный: brought up
воспитатель: educator
воспоминание: memory
восток: east
восторг: delight
восхищённый: enraptured
вот и всё: that's all there is to it
вошёл, вошла: past of войти, see входить
воюет: pres. of воевать
впадать в забытьё: to fall into a doze
вперёд: ahead, forwards
впереди: ahead, in front
впечатление: impression
вполголоса: in a low voice, in an undertone
вполне: completely
впрочем: though
враг: enemy
врач: doctor
вредный: harmful
время (gen., dat., prep.: времени): time
вроде: like
всё: everything; still; all the time; всё-таки: all the same, nevertheless
всенощная: evensong
вскакивать/вскочить: to jump up
вскрикивать/вскрикнуть: to scream, shriek

вскрыва́ть/вскрыть труп: to carry out a post mortem
вскры́тие: post mortem
вслед: following; смотре́ть вслед: to gaze after
вслух: aloud
всплакну́ть (pf.): to have a little cry
всплёскивать/всплесну́ть рука́ми: to clasp one's hands
вспомина́ть/вспо́мнить: to remember, recollect, call to mind
вспомина́ться/вспо́мниться: to come to mind; ей вспо́мнилось: she remembered
вспы́хнуть (pf.): to flush
встава́ть (pres.: встаёт)/встать: to get up
встре́титься (pf.): to meet
встре́ча: meeting
встре́чный: passer-by
встря́хивать: to shake
всхли́пнуть (pf.): to say with a sob, gulp
всю́ду: in all directions
вся́кий: any, each, every, every kind of; вся́кий раз: every time
вто́рник: Tuesday
второ́й: second
вход: entrance
входи́ть/войти́: to enter, come in; войти́ к себе́: to go into one's room, house
вы́брать (pf.): to choose
выдава́ть: to distribute
вы́дохнуться (pf.) (past: вы́дохся): to be used up, exhaust one's talent
вы́здороветь (pf.): to convalesce, recover
вызыва́ть: to evoke
вы́йдешь: fut. pf. of вы́йти, see выходи́ть
вы́йти: pf. of выходи́ть
вы́мазаться (pf.): to be smeared, smear oneself
вынима́ть: to take out

вынь: take out (imper.)
выпива́ть/вы́пить: to drink down
выража́ть: to express
выража́ться: to express oneself
выраже́ние: expression
вы́расти (past: вы́рос, вы́росли): to grow up; to appear, spring up
выса́сывать: to suck out
вы́сказать (pf.): to express, state
высма́тривать: to spy out
высо́кий: high, tall; exalted
вы́ставка: exhibition
выступа́ть: to appear
вы́сший: higher, superior
высыла́ть: to send, send off
вы́тащить (pf.) to extract, drag out
вы́тереть (pf.): to wipe away
вы́тянуть (pf.): to stretch
вы́учить (pf.): to learn; вы́учить твёрдо: to learn thoroughly
выходи́ть/вы́йти (past: вы́шел, вы́шла, вы́шло): to come out; go out вы́йти на у́лицу: to go out of doors; вы́йти за́муж: to marry (of a woman); выходи́ть ми́ло: to come out nicely
вы́шитый: embroidered
вя́ло: limply

Г

га́дкий: vile, nasty
гадю́ка: adder
газе́та: newspaper
газе́тная статья́: newspaper article
га́лстук: tie
гардеро́б: wardrobe
гарь; запа́хло га́рью: it began to smell of burning
ге́ний: genius
гимнази́ст: schoolboy

гимназический: connected with the grammar-school
гимназия: grammar-school
главный: main, chief
глаз (pl.: глаза): eye
глубже: deeper
глубокий: deep; profound
глупый: stupid
глухой: hollow, dull
глядеть: to look, gaze
гнать: to drive
гнести (pres.: гнетёт): to oppress
год: year; год за годом: year after year; с каждым годом: every year, year by year
голова: head
голод: hunger; умирать с голоду: to starve to death
голос: voice
голосок: little, thin voice
голубой: pale blue
голубчик: my dear, my love
голый: bare, naked
гора: mountain, hill
горбыль: slab
гордиться: to be proud of
горе: grief; misfortune
гореть: to burn; burn with desire
горечь: bitterness
горизонт: horizon
горничная: maid
город: town; за город: into the country, out of town
городской: urban, town (adj.)
горький: bitter
горячий: hot
господа: gentlemen
Господи: Oh Lord! For goodness' sake!
господин: gentleman; господин директор: the headmaster
гостиная: sitting room
гостиница: hotel
гостить: to stay, visit
гость (masc.), гостья (fem.): guest, visitor

готовить: to prepare
грабли: rake
грамота: reading and writing, literacy
графин: decanter
грациозно: graciously
гребёнка: comb
грезить: to dream
грек: a Greek
греметь: to clatter, bang
греческий: Greek
грешный: sinful
гриб: mushroom
гроб: coffin
громадный: huge
громко: loudly
громоздиться: to climb up on
громче: louder
грубость: coarseness
грудь: chest, breast
грустный: sad
груша: pear
грязный: dirty
губа: lip
губерния: province
губить: to ruin
гудеть: to hoot
гулкий: hollow
гулять: to walk, go for a walk
гуманный: humane
гурт: herd
гусь: goose

Д

да: and, but; yes
давайте: let's
давать: to give
давить: to crush, oppress, weigh on
давно: for a long time past; long ago; давно-давно: for a long, long time
даже: even
далее: further
далёкий: distant
далеко: far, a long way away
даль: distance

да́льний: distant; да́льняя до-
ро́га: a long journey
да́льше: further; next
да́ма: lady
дарова́ние: gift
да́ча: dacha, country cottage
да́чник: summer resident
двена́дцатиарши́нный: twelve
arshins long (about 28 feet)
дверь: door
движе́ние: movement
дво́е: two
двойно́й: double; двойна́я фа-
ми́лия: double-barrelled
surname
двор: courtyard, yard
двусмы́сленный: dubious
-де: he said, they said etc. (a
particle derived from the
archaic де́скать)
деви́ца: maiden, girl
де́вушка: girl
дежу́рить: to watch, to be on
duty
дежу́рный: on duty
действи́тельность: reality
де́латься/сде́латься: to hap-
pen; become; что де́лалось:
what went on
делика́тный: refined
де́ло: affair, business, matter,
thing; плохи́ дела́: things
are bad; по де́лу: on busi-
ness; понима́ть, в чём де́ло:
to realise what has happen-
ed; в са́мом де́ле: in fact; то
и де́ло: now and again
денщи́к: batman
день: day; день за днём: day
after day; по це́лым дням:
all day long; на друго́й
день: on the next day
держа́ть: to keep, hold; дер-
жа́ть в рука́х: to keep un-
der one's thumb
де́рево: tree; wood
деревцо́: sapling
де́рзость: cheek
дери́сь!: imper. of дра́ться

де́спот: despot
де́ти: children
де́точка: little child
де́тски: childishly
де́тство: childhood
дешёвый: cheap
диагно́стика: diagnosis
диафра́гма: diaphragm
дива́н: divan, couch
ди́кий: uneducated
дилета́нт: dilettante, dabbler
дире́ктор: headmaster
дире́кторша: headmaster's wi-
fe
диссерта́ция: dissertation,
thesis
дифтери́т: diphtheria
дифтери́тный: diphtherial
дли́нный: long
доброду́шие: good nature
добродушный: kind, good-na-
tured
доброта́: kindness
до́брый: good
довести́ (pf.): to lead, accomp-
any
дово́льно: rather
дово́льный: content, pleased
дога́дываться: to guess
дождево́й: rain (adj.)
дождли́вый: rainy
дождь: rain
дожида́ться: to wait
дойти́ (fut. pf.: дойдёт): pf. of
доходи́ть
доказа́тельство: evidence,
proof
дока́зывать/доказа́ть: to pro-
ve; argue
докати́ться до́низу: to roll
right to the bottom
докла́дывать/доложи́ть: to re-
port
до́ктор: doctor
долг: duty
до́лго: for a long time
должно́ быть; он должно́
быть прорабо́тал: he must
have worked

дом: house; home; до́ма: at home; домо́й: homewards, home, for home; из до́му: out of the house
дома́шний: domestic; дома́шний спекта́кль: home entertainment
донести́ (pf.) (fut. pf.: донесёт): to carry to, bring
допуска́ть: to allow
доро́га: way, road; journey
дорожа́ть: to become more expensive, to rise in price
доро́жный: travelling
доса́да: annoyance
досади́ть (pf.): to annoy
доска́: plank, board
доста́точно: enough
дости́гнуть (pf.) + gen.: to attain
досто́инство: dignity
доходи́ть/дойти́: to reach
дразни́ть: to tease
драмати́ческий: dramatic
дра́ться: to fight, brawl
древнегре́ческий: ancient Greek
дре́вний: ancient
дрема́ть: to doze
дремота́: drowsiness
дрожа́ть (ger.: дрожа́; pres. part.: дрожа́щий): to tremble; дрожа́ть всем те́лом: to tremble all over
друг (pl.: друзья́): friend; друг на дру́га: at one another
друго́й: other; next
дружелю́бно: amicably
дружи́ться: to make friends
ду́мать: to think
ду́ра: fool
дура́к: fool
дура́читься: to fool about
дурно́й: bad
ду́ся: darling
дух: spirit; быть не в ду́хе: to be in a bad mood
духове́нство: the clergy
духота́: stuffiness

душа́: soul, heart
ду́шечка: darling
ду́шно: stuffy
дым: smoke
ды́ня: melon
дыша́ть (pres.: ды́шит): to breathe

Е

евре́йский: Jewish
едва́: only just, scarcely, hardly; едва́ не: almost
еди́нственный: only, unique
ежедне́вно: every day
ежеме́сячно: every month
ел: past of есть (to eat)
есте́ственник: student of natural sciences
есте́ственный: natural
есть/съесть: to eat
есть: there is
ещё: yet, still; another; more; again

Ж

жа́дно: avidly, hungrily
жа́жда: thirst
жа́ждать: to crave, thirst for
жаке́т: jacket
жале́ть/пожале́ть: to be sorry for, have pity
жа́лко: pitiful; мне ста́ло жа́лко его́: I began to feel sorry for him
жа́лобно: plaintively
жа́лованье: salary
жа́ловаться/пожа́ловаться: to complain
жа́лостливый: compassionate
жа́лость: pity
жаль: sorry; ей бы́ло жаль его́: she was sorry for him; ей жаль буди́ть его́: she is sorry to wake him
жанр: genre
жанри́ст: genre-painter
жа́реный: roast

жа́рко: hot
ждать: to wait
же: and, indeed (an emphatic particle, sometimes best not translated)
жела́ть: to wish, desire
желе́зная доро́га: railway
желе́зо: iron
желте́ть: to turn yellow
жёлтый: yellow
жемчу́жная боле́знь: pearl disease
жена́: wife
жена́т: married (of a man or couple)
жени́ть: to marry off
жени́тьба: marriage
жени́ться: to marry (of a man)
же́нский: women's, female; же́нская гимна́зия: girls' high school; по-же́нски: in a feminine way
же́нщина: woman
жест: gesture
жёсткий: hard
живём: pres. of жить
живо́й: alive, living
жи́вопись: painting
живо́т: belly
живо́тное: animal
жи́дкий: fluid; weak
жизнь: life
жиле́т: waistcoat
жиле́тка: waistcoat (diminutive of жиле́т, colloquial)
жите́йский: everyday
жить: to live
жужжа́ть: to buzz
жу́ткий: sinister, frightening, terrible

З

заба́ва: pastime
заби́ться (pf.): to begin to beat
заболева́ть/заболе́ть: to fall ill
забро́сить (pf.): to abandon
забо́та: care

забо́титься: to take care
забра́ться (pf.): to creep in
забыва́ться: to be forgotten
забы́ть (pf.): to forget
забытьё: oblivion
забы́ться (pf.): to forget oneself in reverie
завали́ться (pf.): to tumble
завёртывать/заверну́ть: to wrap up
заверши́ться (pf.): to be concluded
завеща́ние: will; запи́сан в завеща́ние: left in a will
заволнова́ться: pf. of волнова́ться
загляну́ть (pf.): to glance
заговори́ть (pf.): to begin to talk
зада́ть (pf.): to set
зада́ча: task; mathematical problem
задви́гать (pf.): to move
задви́жка: bolt
задержа́ться (pf.): to be delayed
задолжа́ть (pf.): to borrow
задрапирова́ть (pf.): to drape
задрема́ть (pf.): to begin to slumber
задрожа́ть (pf.): to begin to tremble, quiver
заду́маться: pf. of заду́мываться
заду́мчивый: thoughtful, pensive, sunk in reverie
заду́мываться/заду́маться: to become thoughtful, be plunged in thought
зажи́ть (pf.): to begin to live
закла́дывать: to stuff
закопчённый: smoke blackened
закружи́ться (pf.): to begin to spin, whirl
закрыва́ть/закры́ть: to close, cover, shut.
закры́тый: closed

закури́ть (pf.): to light (a cigarette or pipe)
закуси́ть (pr.): to have something to eat, a snack
заку́ска: hors-d'oeuvre, refreshment
зали́вчатый: pouring out
за́литый: flooded
зали́ть pf.) (fut. pf.: зальёт): to inundate
зали́ться (pf.) (fut. pf.: зальётся); зали́ться сме́хом: to laugh merrily
замеча́тельный: remarkable
замеча́ть/заме́тить: to notice
замига́ть (pf.): to begin to wink
замира́ть; замира́ло се́рдце: her heart stood still
заморённый: looking exhausted
заму́ченный: worn out
за́мша: suede
занаве́ска: curtain
занаве́шанный: curtained
занемо́чь (pf.): to fall ill
занима́ться/заня́ться + instr.: to be busy, occupy oneself with, work on
заня́тия: lessons, work
за́нятый: busy
заня́ть (pf.): to occupy
за́пах: smell
запи́сывать: to note down
запла́канный: tear-stained
запла́кать (pf.): to burst into tears
запозда́ть (pf.): to be late
запреща́ться: to be forbidden
запрещённый: forbidden
запреще́ние: prohibition
запря́тать: pf. of пря́тать
запылённый: covered with dust
заража́ться/зарази́ться: to catch, to be infected
заре́зать (pf.): to murder
заржаве́ть (pf.): to rust, become rusty

зарыда́ть (pf.): to begin sobbing, burst into sobs
заса́ленный: soiled
засвети́ться (pf.): to begin to shine, light up
засмея́ться (pf.): to burst out laughing
засо́вывать: to thrust
за́спанный: sleepy
застава́ть/заста́ть: to find, come upon, catch
заста́вить (pf.): to force, make; заста́вить о себе́ говори́ть: to have oneself talked about
застёгивать: to do up, button up
засты́ть (pf.): to lose inspiration, grow cold
засуети́ться (pf.): to begin to fuss
засыпа́ть: to fall asleep
зате́м: then, after that
зати́хнуть (pf.) (past: зати́хли): to die away
зато́: on the other hand, to make up for it
захвати́ть (pf.): to seize, grip
заходи́ть; со́лнце захо́дит: the sun is setting
захоте́ть (pf.): to want, conceive a wish
заче́м: why
зашурша́ть (pf.): to begin to rustle
защеми́ть; защеми́ло се́рдце: she felt a pang
защища́ть/защити́ть: to defend
заяви́ть (pf.): to declare
звать: to call
звезда́ (pl.: звёзды): star
звон: ringing
звоно́к: ring, bell
звук: sound
звуча́ть: to sound
зву́чность: sonorousness
зву́чный: sonorous
здоро́вый: healthy, sturdy
здоро́вье: health

здра́вый смысл: common sense
зелёный: green
земно́й: terrestrial
зе́ркало: mirror
зима́: winter
зли́ться: to be in a bad temper
зло: evil; на зло: to spite
зло́ба: malice
злове́щий: ominous
злоде́йка: villain
злой: evil, malicious
злока́чественная анемия: malignant anaemia
злора́дно: gloatingly, with malicious joy
злость: malice
знако́миться: to become acquainted, make friends
знако́мство: acquaintanceship
знако́мый: an acquaintance; familiar, acquainted
знамени́тость: celebrity
знамени́тый: illustrious
знать: to know
зна́чить: to mean
зо́лото: gold
золото́й: golden
зонт: umbrella, parasol
зо́нтик: umbrella
зре́ние: sight

И

и́ва: willow
игра́ть/сыгра́ть: to play
идеа́л: ideal
идти́/пойти́: to be going; to suit; дождь идёт: it is raining
изба́: wooden house, peasant hut
избави́ Го́споди: God forbid
избало́ванный: spoilt
избега́ть/избежа́ть: to avoid
избу́шка: hut, cabin (diminutive of изба́)
изве́стный: famous

извини́ть (pf.): to forgive
изво́зчик: cabby; cab
издава́ть: to issue
и́здали: from afar
изли́шний: excessive
измени́ть (pf.): to change, alter; (+ dat.) to deceive, be unfaithful
измени́ться (pf.): to change, alter (intransitive)
и́зредка: from time to time, occasionally
изумле́ние: amazement
изумля́ться: to be surprised, amazed at
изя́щный: refined
икра́: caviare
иллюмина́ция: illuminations
иллюстра́тор: illustrator
и́мени: gen., dat., prep. sing. of и́мя
имени́ны: Saint's day
име́ть: to have
и́мя: name, first name
инжене́р: engineer
иногда́: sometimes
инспе́кторша: inspector's wife
интере́с: interest
интере́сный: interesting; attractive
интересова́ть: to interest
иска́ть: to look for
исключа́ть/исключи́ть: to expel
и́скра: spark
и́скренний: sincere
иску́сство: art
исполня́ть: to carry out, fulfil
испо́ртить (pf.): to spoil
испо́рченный: spoilt
испра́вить (pf.): to redress, make amends
испу́ганный: frightened
испуга́ться (pf.): to be frightened
испы́тывать/испыта́ть: to experience, feel
истери́ческий: hysterical
и́стинный: true

история: history; story; event
исчезать/исчéзнуть: to disappear
иттú = идтú
Иýда: Judas
ищý: pres. of искáть
ию́льский: July (adj.)
ию́нь: June

К

кабáк: marrow
кабинéт: study
кáжется: it seems (pres. of казáться)
казáться: to seem
как: how; as; как бýдто: as if; как бы: as if; как бы лýчше: how to achieve the best results; как раз: exactly; как-то: somehow or other, in some way; one day
какóй: what sort of, what a; какóй-то: some, a certain; какóй-нибýдь: some or other
каламбýр: pun
калúтка: wicket gate
калóши: galoshes
капрúзный: capricious, troublesome
карамéлька: caramel
карандáш: pencil
карикатýра: cartoon, caricature
кáрканье: cawing
кáрта: card; игрáть в кáрты: to play cards
картúна: picture
картúнный: picture (adj.)
картóнка: hat-box; cardboard box
картýз: peak cap
касáться: to touch upon
кáсса: cashier's desk, window
катúть на велосипéде: to ride a bicycle

кáшлянуть: to give a cough, cough once
кáшлять: to cough
квартúра: flat
квартировáть: to lodge
кивáть: to nod
кинжáл: dagger
кипéть: to boil
кислятина: something very sour
кисть: paint brush
клáдбище: cemetry
кладовáя: box-room, store room
кладя́: ger. of класть
класс: class; пéрвый класс: first form
классúческий: classical
клáссный: classy, of class
класть/положúть: to put, lay; класть земнóй поклóн: to kneel and bow one's forehead to the ground in a gesture of worship and supplication
клéщи: pincers
клуб: club
ключ: key
клясться (pres.: клянýсь): to swear
ковёр: carpet
кóе-как: anyhow; with difficulty
кóе-что: something
козя́вка: gnat
колдовскóй: bewitching
коллéжский асéссор: collegiate assessor
коленкóр: calico
кóлокол: bell
колпáк: night-cap
колю́чий: prickly, biting
коля́ска: carriage
компáния: company
кóнка: horse-drawn tram
конéц: end; в концé концóв: finally
конéчно: of course
кóнский завóд: stud-farm

контóра: office
конфéта: sweet
конфýзиться: to be embarrassed
кончáться: to die, pass away
корúчневый: brown
корóва: cow
корóвье мáсло: butter
корóткий: short
косá: scythe
костю́м: suit
котёночек: little kitten (diminutive of котёнок: kitten)
кóфе: coffee
кочевáть (ger.: кочýя): to roam
кошáчий: cat's, feline
кóшечка: little cat, pussy cat (diminutive of кóшка)
кóшка: cat
край: edge
крáйне: extremely
крапúва: nettle
красáвчик: handsome lad
крáсить: to paint
крáска: paint
крáсненький: little red (diminutive of крáсный)
краснощёкий: rosy, red-cheeked
крáсный: red
крéсло: armchair
крестúть: to make the sign of the cross over
крестúться: to cross oneself
крестья́нский: peasant (adj.)
кривúть: to twist, curl
кривóй: crooked
крик: cry, shout
кричáть/крúкнуть: to shout
кровáть: bedstead
кровь: blood
крóме: except
крóткий: meek
крóтость: meekness
крýглый: round; крýглая сиротá: a complete orphan
кругля́к: roundwood, billet
кругóм: around

крýжево: lace
кружóк: society
крутúть: to twirl
крутóй: steep
крылéчко: porch
крылó (pl.: крúлья): wing
крúша: roof
кстáти: incidently, by the way; opportunely
кто-то, кто-нибýдь: someone
кýдри: curls
кулáк: fist
кулúсы: wings (in theatre); за кулúсами: behind the scenes
купéц: merchant
куплетúст: singer of topical, satirical songs
курúть: to smoke
кýрица: chicken
курóрт: resort
курс: course, course of study, year
куря́тник: hen-house
кусáть: to bite
кусóк: piece
кусóчек: little piece, scrap (diminutive of кусóк)
кýтать: to wrap
кухáрка: cook
кýхня: kitchen
кýшать: to eat
кушéтка: couch

Л

лáвка: bench
лакéй: manservant
лáмпа: lamp
лáпоть (pl.: лáпти): bast sandal
лáска: endearment, caress
ласкáться: to be affectionate, caress
лáсковый: affectionate, tender
латúнский: Latin
лафéт: beam

лгать (pres.: лгут)/солгáть: to lie
лгýнья: liar
лéвый: left
лёг: past of лечь, see ложúться
лёгкий: light
легкó: lightly, freely
лéгче: easier
лежáть: to lie
лекáрство: medicine
ленúться: to be lazy
лепúть: to sculpt, model
лес: timber
леснóй склад: timber-yard
лéстница: stairs, staircase
летéть: to fly; hurry
лéтом: in the summer
лечúть: to treat, cure
лечь: pf. of ложúться
лúпкий: sticky
лúповый цвет: a tisane of lime blossom
литерáтор: man of letters
лихорáдка: fever
лицó: face; по лицý: from his expression
лúшний: superfluous, de trop, not wanted
лоб: forehead
ловúть: to catch
лóжа: box (in theatre)
ложúться/лечь: to lie down
ложь: lie
ломáть рýки: to wring one's hands
ломúло в вискáх: his head was splitting
лóпаться: to burst
лоскутóк: scrap
лохмáтый: dishevelled
лóшадь: horse
лýжа: puddle
лунá: moon
лýнный: moonlit; moon (adj.)
луч: ray
лýчший: better; best
лýсый: bald
льнянóй: flaxen
любвеобúльный: full of love

любúтель: amateur
любúтельский: amateur
любóвный: amorous, love (adj.)
любóвь: love

М

май: May
мал: small
малéйший: slightest
малúна: raspberry; an expectorant made from raspberry leaves
мáло: little; мáло-помáлу: little by little;
малороссúйский: Ukrainian
мáльчик: boy
мальчúшечка: little boy
мáмочка: mummy
манéра: manner
манкúровать (pres.: манкúруете): to be neglectful
мармелáд: a "peach"
мáсло: butter; oil
мáсляный: oil (adj.)
мастерскáя: studio
матерúнский: maternal
мáтовый: dull, lustreless
мáтушка: dear
машинáльно: mechanically
мгновéние: moment
медвéжий: bear-like
мéдлить: to be slow; не мéдля: without delay
медóвый мéсяц: honeymoon
мéжду тем: meanwhile
мелькáть/мелькнýть: to flash
мерéщиться: to appear
мéрзкий: nasty, vile
мёртвый: dead
мéстность: locality
мéстный: local
мéсяц: month
метрдотéль: head waiter
мечтá: dream
мечтáть: to dream
мешáться: to interfere
миг: instant

мига́ть: to blink
ми́ленький: nice, charming;
    affectionate form of ми́лый:
    мой ми́ленький: my dearest
ми́лость: favour
ми́лый: dear
мину́та: minute
ми́рный: peaceful
мне́ние: opinion; быть тако́го
    же мне́ния о: to be of the
    same opinion about
мни́тельность: mistrustfulness
многолю́дный: crowded
мно́жество: many, a lot
моги́ла, моги́лка: grave
могу́чий: mighty
мо́жет быть: perhaps
мо́жно: it is possible
мо́крый: wet
моле́бен: prayers
моли́тва: prayer
моли́ться: to pray
молодёжь: young people
молодо́й: young
молодчи́на: splendid fellow
молоко́: milk
молчали́вый: silent, taciturn
молча́ние: silence
молча́ть: to be silent
мольбе́рт: easel
мона́шенка: nun
мо́рщться/помо́рщиться:
    to knit one's brow, make a
    wry face
мра́чный: gloomy
муж: husband
мужи́к: peasant
мужчи́на: man
музыка́нт (masc.), музыка́нт-
    ша (fem.): musician
мурлы́кать (pres.: мурлы́чет):
    to purr
му́ха: fly
мучи́тельный: agonizing
му́чить: to harass, torment
му́читься: to torment oneself;
    worry; take pains
мы́сленно: mentally
мысль: thought

мы́слящий: thoughtful, think-
    ing
мышь: mouse
мя́гкий: soft
мя́гко: gently

Н

набира́ть: to assemble
наблюда́ться: to be observed
наверну́ться (pf.): to well up
навсегда́: for ever
надвига́ться: to approach
наде́жда: hope
наде́лать: (pf.): to do, make
наде́ть (pf.): to put on
надзо́р: surveillance
на́добность: necessity
надое́сть (pf.): to bore
наду́вшись: puffed up
наедине́: alone
назва́ние: name, title
назна́чить (pf.): to designate
назо́йливый: troublesome
называ́ть: to name, call
называ́ться: to be called
наи́вный: naive
наизу́сть: by heart
наконе́ц: after all, finally
накра́пывать: to drizzle
нале́во: on the left
налива́ть/нали́ть: to pour
намёк: hint
намекну́ть (pf.): to hint
наоборо́т: on the contrary
напеча́тать: pf. of. печа́тать
написа́ть (pf.): to write
напи́ться (pf.): to slake one's
    thirst, have something to
    drink
напи́шет: fut. pf. of написа́ть
напо́лниться (pf.): to be filled,
    fill (intrans.)
наполня́ть: to fill
напомина́ть: to remind
направле́ние: direction; purp-
    ose
напра́во: on the right

наприме́р: for example, for instance
напро́тив: on the contrary; opposite
напряжённо: intensely
нарисова́ть (pf.): to draw
наро́чно: on purpose
нару́жу: outside
наруше́ние: infringement
наря́д: dress, finery
наску́чить (pf.): to bore
наслажда́ться: to enjoy
наслажде́ние: enjoyment
насме́шка: mockery
насме́шливо: mockingly
настоя́щее: the present
настоя́щий: real
настрое́ние: mood
наступа́ть/наступи́ть: to approach, come on
насу́щный: vital
насчёт: as regards, about; on account of
натира́ть: to rub
нату́ра: nature, character; с нату́ры: from life
натя́нуто: stiffly, in a strained voice
нау́ка: science, learning
нахлы́нуть (pf.): to sweep over, rush into
нахму́ренный: frowning
нахму́риться (pf.): to frown
находи́ть: to find
находи́ться: to be situated
нача́ло: beginning
нача́льник: a superior
нача́льство: the authorities
начина́ть: to begin
не́бо: sky, heaven
неблагода́рный: thankless
небога́тый: not rich
небо́сь: most likely
нева́жно: poorly
неве́жественный: ignorant
неве́жество: ignorance
неве́ста: bride, eligible young lady
нево́льно: involuntarily

неври́т; мно́жественный неври́т: multiple neuritis
недалеко́: not far, near
неда́ром: not for nothing
неде́ля: week
недо́лго: for a short time
недоразуме́ние: misunderstanding
недоска́занный: left half unsaid
недостава́ть: to be missing, lacking; недостава́ло то́лько слёз: all that was missing were tears
недоста́ток: shortcoming, fault
неду́рно: not badly
неду́рственно: not too bad
не́жность: softness, tenderness
не́жный: tender; delicate
незави́симый: independent
незнако́мый: unfamiliar
неизве́стный: unknown, unfamiliar
неизме́нно: invariably
неизмери́мо: immeasurably
не́кий: a certain
не́когда: no time, there is no time to
не́который: a certain
некраси́вый: ugly
не́кто: a certain
нельзя́: it is impossible
нелюди́мо: unsociably
немно́го: a few, a little
ненави́деть: to hate
не́нависть: hate
нену́жный: unnecessary
необходи́мо: necessary
необыкнове́нный: unusual, extraordinary
неодобри́тельно: disapprovingly
неподви́жно: still, motionless
непоня́тный: incomprehensible
непреме́нно: without fail, invariably
непреме́нный член: permanent member

непреодолимый: insuperable
неприглядный: unsightly
неприличный: indecent, badly behaved
непричёсанный: uncombed, unkempt
неприятный: unpleasant
нервно: nervously
неровный: uneven
неряшливый: slovenly, untidy
несчастье: misfortune
несчастный: unhappy
нетрезвый: drunk
неубранный: untidied
неужели: really, surely not
нехорошо: bad; **ему нехорошо**: he is unwell
нечаянно: unintentionally
нечего; от нечего делать: for lack of anything to do
нечистота: uncleanliness
нечистый: unclean
ни: not a; **ни звука**: not a sound
нижний: lower
низкий: low
никакой: no, not any
нисколько: in no way
ничём: in no way
ничтожный: negligible
нога: foot; leg
ножка: leg (diminutive of **нога**)
нос: nose
носовой: nasal
нотный магазин: sheet-music shop
ночной: of night, nocturnal
ночь: night; **по ночам**: at night, every night
нравиться: to please
нравственный: moral
нудный: tedious
нужный: necessary
нытьё: whining

О

оба (masc.), **обе** (fem.): both
обаяние: charm, fascination
обворожительный: bewitching
обед: dinner
обедать: to dine, have dinner
обедня: Mass, matins
обезличенный: deprived
обернуться (pf.): to turn
обет: vow, promise
обещать: to promise
обида: insult
обильный: abundant
обитель: abode
облако: cloud
облачный: cloudy
облегчить (pf.): to lighten, unburden
облокотиться (pf.): to lean one's elbows
обманывать: to deceive
обмочить (pf.): to dip, wet
обмыть (pf.): to wash
обнаружить (pf.): to reveal
обнимать/обнять: to embrace
обожать: to adore
оболочка: envelope, shell
обомлеть (pf.): to be petrified, paralysed with fright
обошлось: past of **обойтись**, see **обходиться**
образ (pl.: **образы**): form; way; **образ жизни**: way of life; **образ** (pl.: **образа**): icon
образование: education
образованный: educated
образоваться (pf.): to be formed
обращаться: to address
обрез; в обрез: only just enough
обстановка: setting
обходиться/обойтись без: to manage without; to settle itself
общественный: social
общий: general, mutual; **в общем**: in general

объезжа́ть: to travel round
объе́сться (pf.): to overeat
объясне́ние: explanation; declaration
объясни́ть (pf.): to explain
объясня́ться: to have it out
обыкнове́ние: habit
обыкнове́нно: usually
обы́чный: usual
обя́зан: obliged, must
обя́занность: obligation, duty
обяза́тельный: essential
овдове́ть (pf.):to become a widow, be widowed
огля́дывать: to look over
огля́дываться/огляну́ться: to look round
ого́нь: fire
ограниче́ние: restriction
оде́ть (pf.): to dress
одева́ться/оде́ться: to dress; put on one's coat
одеколо́н: Eau-de-Cologne
одея́ло: blanket, quilt
оди́н, одна́, одно́: one; a certain; alone; одно́ и то же: one and the same thing
одино́кий: lonely, solitary
одна́жды: once, one day
одна́ко: however
ожида́ть: to expect
ожи́ть (pf.): to come to life
озлобля́ться: to become embittered
озя́бший: numbed with cold
оказа́лось: it turned out
ока́зывать: to show
окладно́й: collapsible, folding
оклевета́ть (pf.): to slander
окле́енный: glued over
оклика́ть: to call
окно́: window
о́коло: about
оконча́тельно: finally
око́шечко: little window (diminutive of окно́)
око́шко: window (diminutive of окно́)
окра́ина: outskirts

окре́пнуть (pf.): to strenghten
окружённый: surrounded
окружи́ть (pf.): to surround
оку́тать (pf.): to wrap
оле́нь: deer
опа́сный: dangerous
опере́тка: operetta, musical
опере́точный: operetta (adj.)
опозда́ть (pf.): to be late
оправда́ть (pf.): to justify
определённый: definite, explicit
опуска́ть: to lower
опусти́ться (pf.): to sink
опя́ть: again
оригина́льный: original
освеща́ть/освети́ть (past pass. part.: освещённый); to illuminate, light
освободи́ться (pf.): to free oneself
осе́длый: settled
осени́ть; нас осени́ла мысль: it dawned on us
оси́пнуть (pf.) (past.: оси́п): to grow hoarse, husky
осироте́лый: orphaned
оскорблённый: insulted
осма́тривать: to inspect
основа́тельный: sound, solid
осо́ба: person
осо́бенно: particularly
остава́ться/оста́ться (fut. pf.: оста́нется): to remain, be left
оста́вить (pf.): to leave; оста́вьте!: leave me alone!
остана́вливаться/останови́ться: to stop
оста́ться: pf. of остава́ться
осторо́жность: caution
осторо́жный: careful
остри́чь (pf.); остри́чь догола́: to shave bare
о́стров: island
осыпа́ть: toshower
осужда́ть/осуди́ть: to condemn, censure
осу́нуться (pf.): to grow pinched, sunken

отвéт: answer

отвéтственность: responsibility

отвечáть: to answer, reply

отворя́ть/отвори́ть: to open

отворя́ться: to open, be opened

отврати́тельный: disgusting, repulsive

отвращéние: disgust, revulsion

отдавáть/отдáть: to give up, sacrifice; (+ instr.) to smell of; отдавáть в гимнáзию: to send to school

отдежу́рить: pf. of дежу́рить

отдыхáть: to have a rest

отзывáться: to react

отказáться: to refuse

откла́дывать: to put off, postpone

откровéнно: frankly

открывáть/откры́ть: to open; откры́та дорóга: the way is open

отлеглó от сéрдца: a weight was lifted from her mind

отли́чный: excellent

отмéстка: revenge

отмы́ться (pf.) (fut. pf.: отмóешься): to wash oneself clean

отнеслáсь: past of отнести́сь, see относи́ться

относи́тельный: relative

относи́ться/отнести́сь к: to regard, treat, have an attitude towards

отношéние: attitude, relationship

отня́ть (pf.): to take away

отобрáть (pf.): to take away

отпрáвиться (pf.): to set off

отпускáть: to let someone go; allocate

отрави́ться (pf.): to poison oneself

отрáда: joy

отражéние: reflection

отрица́ть: to deny

отрывáться: to break away from; не отрывáясь: all the time

отставáть (pres.: отстаёт): to relinquish a hold on

отставнóй: retired

отстрани́ть (pf.): to fend off, push away

отступлéние: deviation

оттýда: from that direction

отчáяние: despair

отчегó: why

óтчество: patronymic

оты́скивать/отыскáть: to look for; find, find out

офицéр: officer, army officer

охóта: hunting, shooting

охóтник: hunter, huntsman

охри́пнуть (pf.) (past. охри́п): to grow hoarse

оцепенéть (pf.): to become rigid, freeze

очаровáтельный: charming, enchanting

очаровáть: to enchant

очеви́дно: obviously, evidently

óчень: very; не óчень-то: not particularly

очини́ть (pf.): to sharpen

очки́: glasses

очну́ться (pf.): to come to, to come to oneself

оши́бка: mistake

ощени́ться (pf.): to pup

ощу́пать (pf.): to feel

П

пáдать: to fall

палáта: ward

пáлец: finger

палитра: palette

пáлка: stick

пáлочка: stick (diminutive of пáлка)

пáлуба: deck

пальтó: coat

папáша: papa

па́пка: folder
пара́дный: smart
парализова́ться (pres.: парализу́ется): to be paralysed
парохо́д: steamer
пасквиля́нт: lampoonist
па́смурный: dull, cloudy
пассажи́рский: passenger (adj.)
патоло́гия: pathology
па́хнуть (pres.: па́хнет; past: па́хло) + instr.: to smell of; э́тим па́хнет: it seems probable
па́чка: packet
певе́ц (masc.) певи́ца (fem.): singer
педаго́г: pedagogue
педагоги́ческий: educational, teachers'
пейза́ж: landscape
пейзажи́ст: landscape painter
пе́на: foam
пе́ние: singing
перебира́ть: to sort through; перебира́ть па́льцами: to run one's fingers through
перебо́й: irregularity, flutter
перева́ривать: to digest
перевести́ (pf.) (past: перевели́): to transfer
перево́д: translation
перегоро́дка: partition
пере́дний план: foreground
пере́дняя: hall
перейти́ (pf.): to cross, move across
переки́нуть (pf.): to sling
перекра́шенный: re-dyed
перекрести́ться (pf.): to cross oneself
переме́на: change
перемени́ться (pf.): to change
переноси́ть: to bear
переодева́ться: to change one's clothes
перепа́лка: row, heated words
переста́ть (pf.) (imper.: переста́ньте!): to stop, cease

перетолкова́ть (pf.): to misinterpret
перетя́нутый: with a tight belt
переу́лок: lane, backstreet
перешёл: past of перейти́
перочи́нный нож: pen knife
перча́тка: glove
пе́тля: noose
пету́х: cock
петь/спеть: to sing
печа́ль: sadness
печа́льный: sad
печа́тать/напеча́тать: to print
пе́чка: stove (diminutive of печь)
печь: stove
пешко́м: on foot
пеще́ра: cave
пиджа́к: jacket
пиро́г: pie
писа́ть кра́сками: to paint
пискли́вый: squeaky
пи́счая бума́га: writing paper
пить: to drink
пихну́ть (pf.): to shove
пи́ща: food
пла́кать: to weep, cry
план: plan; пере́дний план: foreground; пра́вый план: right foreground
плати́ть: to pay
плато́к: kerchief, shawl
пла́тье: dress; шта́тское пла́тье: civilian clothes
плач: weeping
плачу́: pres. of плати́ть
пла́чут: pres. of пла́кать
пла́чущий: weeping, tearful
плащ: cloak
плёнка: membrane
плерёзы: mourning, black veil
плечо́ (pl.: пле́чи): shoulder
пло́тский: carnal
плохо́й: bad
площа́дка ле́стницы: landing
плюш: plush
пляса́ть (pres.: пля́шет): to dance

побагрове́ть (pf.): to turn crimson
побе́дный: triumphant
побежа́ть (pf.): to run
побледне́ть (pf.): to turn pale
побли́же: closer
поболта́ть (pf.): to have a chat
поборо́ть (pf.): to fight
повали́ться (pf.): to fall, throw oneself
по́вар: cook
поведе́ние: conduct
пове́ет ли весно́й: when there is a breath of spring in the air
повенча́ться (pf.): to be married (in church)
пове́рить (pf.): to believe
поверну́ться: pf. of **повора́чиваться**
пове́сить (pf.): to hang
по́весть: story
повиди́мому: evidently
по́вод: reason
повора́чивать: to turn
повора́чиваться/поверну́ться: to turn, turn over
повторя́ть/повтори́ть: to repeat; **повторя́ть уро́ки:** to learn one's lessons
пога́ный: unclean
поги́бнуть (pf.): to perish
погла́живать: to stroke
погля́дывать/погляде́ть: to glance, look
поговори́ть (pf.): to have a talk
пого́да: weather
погоди́те!: wait a little!
погодя́: later, afterwards
погружён: buried, submerged
под; под си́лу: in one's power, ability
подава́ть: to serve; give; **подава́ть блестя́щие наде́жды:** to show great promise; **подава́ть вид:** to give the impression; **подава́ть в суд:** to take to court; **подава́ть**

у́жинать: to serve supper
подави́ться (pf.): to choke
пода́влен: crushed
подари́ть (pf.): to give
пода́ть в отста́вку (pf.): to send in one's resignation
подбира́ть: to choose
подбоче́нясь: with arms akimbo
подво́да: cart
поддё́рживать: to keep up, maintain
подде́йствовать (pf.): to act
подде́лывать; что они́ подде́лывают?: how are they getting on?
поджелу́дочная железа́: pancreas
поди́!: go! be off!
подложи́ть (pf.): to put, lay under
по́длый: mean, base, foul
поднима́ть/подня́ть: to pick up
подно́с: tray
по́днятый: raised
подня́ть: pf. of **поднима́ть**
подня́ться (pf.): to rise, get to one's feet
подо́бный: similar, such; **ничего́ подо́бного:** nothing of the sort
подожда́ть (pf.): to wait until
подойти́ (pf.): to come up to, approach
подо́л: lap
подошё́л, подошла́: past of **подойти́**
подпира́ть: to prop up
по́дпись: signature; caption
подража́ть: to imitate
подро́бность: detail
подсе́сть к (pf.): to sit down next to
подсу́ченный: rolled up
поду́мать (pf.): to think, have a think
подурне́ть (pf.): to become ugly
поду́шка: pillow, cushion

подходи́ть: to be suitable
подчини́ться (pf.): to submit
подыша́ть (pf.); подыша́ть
чи́стым во́здухом: to have
a breath of fresh air
подъе́зд: entrance, drive
пое́здка: trip
пожале́ть: pf. of жале́ть
пожа́ловаться: pf. of жа́ло-
ваться
пожа́луйте: pray
пожа́ть (pf.) (fut. pf.: пожму́):
to press
пожени́ться (pf.): to get
married
поже́ртвовать (pf.): to sacri-
fice
пожива́ть; как пожива́ете?:
how are you?
пожило́й: elderly
пожима́ть плеча́ми: to shrug
one's shoulders
пожи́ть (pf.): to live
позва́ть (pf.): to call
позволе́ние: permission
по́здно: late
поздравля́ть: to congratulate
пои́ть: to give someone
something to drink
пока́: while; пока́ не: until
показа́ться: pf. of каза́ться
пока́зывать/показа́ть: to show
пока́зываться: to appear
покати́ться (pf.): to roll
пока́чивать/покача́ть голо-
во́й: to shake one's head
поки́нуть (pf.): to abandon,
leave, desert; — на + acc.:
for someone else
покло́н: bow
покля́сться: pf. of кля́сться;
imper.: покляни́тесь!:
swear!
поко́й: peace
поко́йный: the late, deceased;
calm
покорне́йше: most humbly
поко́рно: submissively
поко́рность: humility

покоря́ться: to submit
покоси́ться (pf.): to sink to
one side
покры́тый: covered
покупа́тель: customer
пол: floor
полага́ть: to suppose
полго́да: a half year
по́лдень: midday
полегча́ть: to become easier
поли́ться (pf.): to begin to
pour
полице́йский: police (adj.)
полк: regiment
полково́й: regimental
полмину́ты: half a minute
полне́ть: to grow plump, put
on weight
по́лночь: midnight
по́лный: full; plump; com-
plete
полови́на: half
по́лог: bed-curtains; крова́ть
с по́логом: four-poster
положе́ние: situation
положи́ть: pf. of класть
полоса́: stripe
по́лость: cavity
полоте́нце: towel, dish-cloth
полоу́мный: half-witted
полуоткры́тый: half-open
получа́ть/получи́ть: to receive
получи́ться (pf.): to turn out,
result
полфранцу́зский хлеб: half a
French loaf
полы́нь: wormwood
польсти́ть (pf.): to flatter
польётся: fut. pf. of поли́ться
полюби́ть (pf.): to grow fond
of, fall in love with; pf. of
люби́ть
помеша́ть (pf.): to prevent
поме́щик: landowner, squire
поми́луйте: my goodness
помири́ться (pf.): to be re-
conciled
по́мнить: to remember
помога́ть + dat.: to help

помолодевший: grown younger, rejuvenated
поморщиться: pf. of морщиться
помутиться (pf.); помутилось в глазах: my eyes went dim
помятый: flabby; creased; rumpled
помять (pf.): to crumple
понадобиться (pf.): to be, become necessary
поневоле: willy nilly, against one's will
понемножку: a little
понимать/понять: to understand; realise
понравиться: pf. of нравиться
понятный: comprehensible, understandable
понять: pf. of понимать
попасть (pf.) (fut. pf.: попадёшь): to find oneself
попечитель: trustee
поплестись (pf.): to walk slowly, plod
поправлять/поправить: to correct, put right, straighten out
попрежнему: as previously
попробовать (pf.): to try
попрыгунья: grasshopper
пора: it is time to; пора бы: it is time to, one should; до сих пор: up to now
поражать: to strike, startle
поражён: struck, astonished
поразительный: striking, startling
порасти (pf.): to become overgrown
порез: cut
порезать (pf.): to cut
порос: past of порасти
порт: port
портить: to spoil
портниха: dressmaker
порыв: burst, spurt
порывисто: impetuously

порядок: order, sequence, pattern; discipline
порядочный: respectable, decent
посвежеть (pf.): to become fresher
посвящать: to dedicate
поселиться (pf.): to settle
посидеть (pf.): to sit for a time
посинеть (pf.): to turn blue
поскорее: as quickly as possible
поскучать: pf. of скучать; to be bored a while, to while away a period
послать: pf. of посылать
последний: last; последнее время: recently; за последние 10 лет: in the course of the last 10 years
послышаться: pf. of слышаться
посмешище: laughing-stock
поспешить: pf. of спешить
поссориться (pf.): to quarrel
пост: fast
поставить (pf.): to put; put on, stage
постараться: pf. of стараться
постареть (pf.): to age
постель: bed
постлать (pf.): to make a bed
постный: of fasting, Lenten; постное масло: sun-flower seed oil
посторонний: stranger, outsider
постоянный: constant
поступать: to act, behave
постучать: pf. of стучать
посылать/послать: to send
потекла: past of потечь, see течь
потёмки: dusk, twilight
потемнеть (pf.): to become dark
потеплее: a little warmer; одеться потеплее: to put on some clothes

131

потеря: loss
потерянный: lost
потерять (pf.): to lose
потирать: to rub
потихоньку: secretly
потолок: ceiling
потом: then, afterwards
потрогать (pf.): to touch
потягивать; потягивало влагой: a damp wind blew
поужинать: pf. of ужинать
поучительный: instructive
похлопотать (pf.): to agitate for
походить на: to resemble
похожий на: like, similar
похоронить: pf. of хоронить
похороны: funeral
похорошеть (pf.): to become prettier
похудеть: pf. of худеть
поцарапать (pf.): to scratch
поцеловать: pf. of целовать
поцелуй: kiss
почему-то: for some reason or other
почта: post-office
почти: almost
почувствовать: pf. of чувствовать
пошли: past of пойти, see идти; imper. of послать, see посылать
пошлость: triviality, banality, commonplace
пошлый: trivial, trite, commonplace
поэтический: poetic; romantic
появляться: to appear
пояс: waist
пояснить (pf.): to explain
правда: truth
правило: rule, regulation
правильный: correct, proper
правый: right
праздник: festive occasion; holiday
праздный: idle
практика: practice

превосходный: magnificent
предлог: excuse
предложение: proposal
предложить (pf.): to offer
предмет: object
предок: ancestor
предостеречь (pf.): to warn
представление: performance
представлять/представить себе: to imagine; представьте!: just think!
предстоящий: impending
предупредить (pf.): to warn
прежде: previously; прежде всего: first of all
прежний: previous, former
презирать: to despise
прекрасный: fine, splendid beautiful; в один прекрасный вечер: one fine evening
прелесть: charm
преоригинальный: highly original
преподаватель: teacher
преподавать: to teach
приближаться: to approach
приближение: approach
приват-доцентура: assistant professorship
привезти (pf.): to bring
приводить/привести: to bring; приводить в восторг: to enrapture
привыкать/привыкнуть (past: привыкла): to become accustomed
привязанность: attachment
приглаживать: to stroke, smooth
приглашать/пригласить: to invite
приглашённый: invited
приезжать/приехать: to arrive
признаваться (pres.: признаюсь)/признаться: to admit, confess, be honest
признанный: recognised

приказа́ть: pf. of прика́зывать

прика́зчицкий: salesman's; bailiff's

прика́зывать/приказа́ть: to order

прикосну́ться (pf.): to touch

приласка́ться: to snuggle up to, to be affectionate to

прили́чный: decent

приложи́ть (pf.): to put, put next

принести́ (pf.): (past: принёс, принесла́): to bring

принима́ть/приня́ть: to take; принима́ть во внима́ние: to take into account, consideration; принима́ть уча́стие: to take part

принципиа́льный: fundamental; in, on principal

приро́да: nature

присла́ть (pf.): to send

прислони́ться (pf.): to lean, rest

прислу́га: servant

прислу́шиваться: to listen, listen carefully

присни́ться: pf. of сни́ться

пристава́ть: to bother, pester

при́стань: landing-stage

пристро́ить (pf.): to get someone settled, married

при́ступ: storm, assault

прису́тствие: presence

прихо́д: arrival

приходи́ть/прийти́: to come, arrive

при́хоть: whim

причеса́ть (pf.): to comb, brush

причёска: hair-style, coiffure

причи́на: reason

причу́дливый: odd, quaint

пришли́: past of прийти́, see приходи́ть; imper. of присла́ть

пришло́: fut. pf. of присла́ть

прищу́ривать глаза́: to screw up one's eyes

прия́тный: pleasant

пробежа́ть (pf.): to run past

проби́ть: pf. of бить

проболе́ть (pf.): to be ill

пробормота́ть: pf. of бормота́ть

провести́ (pf.): (past pass. part.: проведён): to spend time; (+ instr.) to stroke

прови́зия: food

прови́нция: the provinces

провожа́ть/проводи́ть: to see someone off, accompany

проворча́ть (pf.): to growl

прогимна́зия: secondary grammar school; grammar school finishing two years short of university entrance.

проголода́ться (pf.): to become hungry

проговори́ть (pf.): to pronounce, say

прогу́лка: walk

продолжа́ть: to continue

продолжа́ться: to continue (intrans.)

прожи́ть (pf.): to live, stay for a period

прозвуча́ть (pf.): to sound

прозева́ть (pf.): to miss an opportunity, let slip

прозе́ктор: prosector

прозра́чный: transparent

произвела́: past of произвести́

производи́ть/произвести́: to produce; произвести́ впечатле́ние: to create an impression

произноси́ть: to pronounce

происходи́ть/произойти́ (past: произошёл): to occur, take place

пройти́ (pf.): to pass, go past, go through

пройти́сь из угла́ в у́гол: to walk up and down, the length of the room

прока́за: prank
прока́зник: mischievous person
проклина́ть: to curse
прокля́тый: accursed
промежу́ток: interval
пропла́кать (pf.): to weep through
прорабо́тать (pf.): to work
проро́чить: to predict
просва́тать: (pf.): to promise in marriage
проси́ть: to ask, beg
просла́виться (pf.): to become famous
просну́ться: pf. of просыпа́ться
проста́ивать: to stand for a time
прости́ть (pf.): to forgive
прости́ться: pf. of проща́ться
про́сто: just, simply
просто́й: simple
простона́ть (pf.): to groan
простота́: simplicity
простра́нство: space
простуди́ться (pf.): to catch a cold
простыня́: sheet
просыпа́ться/просну́ться: to wake up
проти́вный: unpleasant
протодья́кон: archdeacon
протяну́ть (pf.): to stretch out
профе́ссор: professor
процеди́ть (pf.) сквозь зу́бы: to mutter through one's teeth
проце́нт: percent
прочесть (pf.) (past: прочла́): to read
про́чий; ме́жду про́чим: amongst other things
проше́дшее: the past
проше́дший: past
прошёл: past of пройти́
прошёлся: past of пройти́сь
прошепта́ть: pf. of шепта́ть
прошло́: past of пройти́

про́шлое: the past
прошу́: pres. of проси́ть
проща́ние: parting
проща́ться/прости́ться: to say goodbye, take one's leave
проясня́ться: to clear
пруса́к: cockroach
пры́гать: to jump; caper
пря́мо: straight
пря́тать: to hide
пря́таться: to hide (intrans.)
пти́ца: bird
пу́блика: the public
пуга́ть: to frighten
пу́говица: button
пу́дрить: to powder
пуска́й: let it, let them; пуска́й она́ выхо́дит: let her marry
пуска́ться на хи́трости: to go in for cunning
пусти́ть (pf.) (fut. pf.: пущу́, пу́стишь): to allow, let someone pass
пусто́й: empty
пустота́: emptiness
пустя́к: trifle, flippancy
путеше́ствие: journey
пыль: dust
пыта́ться: to try
пье́са: play
пятивершко́вый: five vershoks thick (about 8³/₄ inches)
пятно́: spot

Р

раб: slave
рабо́тать: to work
равноду́шие: indifference
равноду́шный: indifferent, apathetic
рад: glad
ра́достный: joyful, happy
ра́дость: joy
раз: once; пе́рвый раз: the first time; в друго́й раз: the next time

разбитно́й: sprightly
ра́зве: really, surely not
развлека́ть: to amuse
развлече́ние: amusement,
   entertainment
разводи́ть рука́ми: to spread
   one's hands in a helpless
   gesture
разгова́ривать: to converse
разгово́р: conversation
разгора́ться/разгоре́ться:
   to flare up; flush
разда́ться (pf.): to resound
раздели́ть (pf.): to share
раздража́ть: to annoy
разнови́дность: variety
разноцве́тный: multi-, vari-
   coloured
ра́зный: various
разойти́сь: (pf.): to separate
разоре́ние: ruin
разочаро́вываться: to be dis-
   appointed
разошёлся: past of разойти́сь
разреша́ть: to authorize,
   permit
разреше́ние: authorization
разрешённый: allowed, perm-
   itted
ра́зум: reason
разуме́ть: to mean, have in
   mind
рак: cancer; crayfish; рак-от-
   ше́льник: hermit-crab
раке́та: rocket
ра́ма: frame
ра́нец: satchel
ра́нний: early
ра́ньше: previously, earlier
раска́тистый: rolling
распеча́тать (pf.): to unseal
расписа́ние: timetable
расположе́ние: disposition
расположи́ться (pf.) на ноч-
   ле́г: to settle down for the
   night
распоряжа́ться: to give ord-
   ers
распоряже́ние: instruction

рассе́янный: absent-minded
расска́з: story; short story
расска́зывать: to narrate, tell
   a story; tell
рассма́тривать: to inspect
расста́вить (pf.): to spread
расстано́вка; с расстано́вкой:
   slowly, in measured tones
расста́ться (pf.): to part
расстёгивать: to undo
расстёгнутый: unbuttoned
рассуди́тельно: reasonably,
   sober-mindedly
рассужда́ть: to reason
рассы́льный: errand-boy
расте́рянный: distraught
расхо́д: expense
расширя́ться: to spread
рвану́ть (pf.): to jerk
реа́льный: practical
ревнова́ть: to be jealous
ре́вность: jealousy
реда́кция: editor's office
ре́дкий: rare
режиссёр: producer
репети́ция: rehearsal
речно́й: river (adj.)
реша́ть/реши́ть: to decide
реше́тник: plank (1—3 inch
   thick)
рисова́ть/нарисова́ть: to draw
ри́фма: rhyme
ро́бкий: timid
ро́бость: timidity
ро́вно: exactly
ро́вня: an equal
рога́тый скот: cattle
род: type; в ро́де + gen. like;
   вся́кого ро́да: of any sort
ро́динка: mole
роди́тели: parents
роди́ться (pf.): to be born
родно́й: of home; close to the
   heart; own; native
ро́дственник: relation
ро́жа: erysipelas; ugly-mug
рожде́ние: birth; день рожде́-
   ния: birthday
ро́зовый: pink

роль: role
рома́н: romance, affair
рома́нс: romance, ballad
роско́шный: luxurious
рост: stature, height
рот: mouth
ро́ща: copse, grove
роя́ль: grand piano
рубль: rouble
руга́ться: to swear at one another
ружьё: gun
рука́: hand; arm; за́ руку: by the hand; под ру́ку: arm in arm
рука́в: sleeve
ры́ба: fish
ры́бная ло́вля: fishing
ры́женький: ginger-haired
ря́бчик: hazel hen
ряд: row, series
ряди́ться: to dress up
ря́дом с: next to
ря́дышком: side by side

С

сад: garden; park
са́дик: garden (diminutive of сад)
сади́ться/сесть: to sit down; сади́ться на изво́зчика: to take a cab
салфе́тка: napkin
сам: self
самова́р: samovar
самопоже́ртвование: self-sacrifice
са́мый: very; то же са́мое: the same
сапо́г: boot
сара́й: shed, hut, wood-shed
сби́ться с пути́ (pf.): to go astray
сбро́сить (pf.) с себя́ чу́вство: throw off the feeling, sense
сва́дьба: wedding
сватовство́: match-making
све́жий: fresh, cool

свёрток: bundle
свет: world; на том све́те: in the next world
свеча́: candle
свобо́да: liberty, freedom
свобо́дный: free
свя́зывать: to link, associate
Свята́я: Easter Week
свято́й: sacred
святы́ня: sacred object
свяще́нный: holy
сдава́ть: to rent out
сде́лать (pf.): to do
сде́латься: pf. of де́латься
сдо́бный: rich, non-Lenten
сду́ру: out of foolishness
себя́: oneself (referring back to subject of verb in same clause); ме́жду собо́й: among ourselves
се́вши: having seated oneself
седо́й: grey-haired
сезо́н: season
сейча́с: in a moment, just
село́: village
се́льский: village (adj.)
семе́йный: family (adj.)
семина́рия: seminary
се́но: hay
середи́на: middle
серде́чно: cordially, with warmth
серди́тый: angry
серди́ться: to be angry
се́рдце: heart
серова́тый: greyish
серп: sickle
серьёзный: serious
сестра́: sister
сестри́ца: sister (diminutive of сестра́)
сесть: pf. of сади́ться
сжать: pf. of сжима́ть
сжа́ться (pf.): to contract, be wrung
сжева́ть (pf.): chew
сжима́ть/сжать: to squeeze, press
сза́ди: from behind

сиде́ть: to sit; stay
си́ла: strength
си́литься: to make an effort
си́льно: strongly, intensely
си́льный: powerful, strong; loud
си́ненький: blue, little blue (diminutive of си́ний)
сирота́: orphan
сия́ние: radiance
сия́ть: to shine, glow
сказа́ть (pf.): to say, tell
ска́зываться: to tell, be effective
скамья́: bench, seat
ска́терть: table-cloth
сквозь: through
сконфу́женный: confused, embarrassed
сконча́ться: pf. of конча́ться
скорлупа́: shell
ско́ро: soon
скоро́мный: of fasting
скоропости́жно: suddenly
скрести́ть (pf.): to cross, fold
скро́мный: modest
скрыва́ть/скрыть: to conceal
скрыва́ться/скры́ться: to disappear
скрю́ченный: huddled up
ску́ка: tedium, boredom
скуча́ть: to be bored; он скуча́ет по отце́: he misses his father; (the dative after по is now usual)
ску́чный: dull, boring, tiresome
сла́бый: weak, feeble, faint
сла́ва: fame, glory; сла́ва Бо́гу: thank God
сла́вненький: fine boy (diminutive of сла́вный)
сла́вный ма́лый: fine, nice fellow
сла́дкий: sweet, sugary
сла́дко: sweetly, exquisitely

сле́довать (pres.: сле́дует): ought; как сле́дует: properly; сле́довало + infin.: ought to have
сле́дующий: following
слеза́ (pl.: слёзы): tear; до слёз: to the point of tears
сли́ться (pf.): to merge
сло́во: word; одни́м сло́вом: in a word
слома́ть (pf.): to break
слу́жба: service, work
слух: rumour
слу́чай: case, occurrence
случа́ться/случи́ться: to happen
слу́шаться: to obey
слы́шаться/послы́шаться: to be heard, audible
слы́шен, слы́шно: audible; слы́шно бы́ло: one could hear
сме́на: replacement; на сме́ну: to replace
сменя́ть: to replace, relieve, take over from
смесь: mixture
сметь: to dare
смех: laughter, laugh
смешно́й: ridiculous
смея́ться: to laugh
сми́рный: quiet
смотре́ть: to watch, look; смотре́ть за: to keep an eye on
сму́глый: swarthy
сму́тный: vague
смуще́ние: embarrassment
смущённый: embarrassed
смысл: sense, meaning
снару́жи: outside
снима́ть/снять: , to take off, lift off, remove: to rent, book
сни́ться/присни́ться: to appear in a dream
сноси́ть: to put up with
снять: pf. of снима́ть
соба́ка: dog
собира́ться: to get ready

137

собой: instr. of себя
соборный: cathedral (adj.)
собственный: own
собьётся: fut. pf. of сбиться
совать: to slip
совершиться (pf.): to happen, be perpetrated
совершённо: completely, quite
совестно; ему совестно: he is ashamed
совесть: conscience
совет: council, committee
современем: in time
совсем: completely; for good
согласие: harmony, agreement
согласиться (pf.): to agree
согреть (pf.): to warm
содержание: upkeep; contents, substance
содержатель: manager
сожмётся: fut. pf. of сжаться
создать (pf.): to create
сознаваться: to confess
сойти с ума (pf.): to go out of one's mind
сойтись (pf.): to gather
солгать: pf. of лгать
солидный: reliable
солнечный: sunny, sunlit
соловей: nightingale
соломенный: straw, thatched
сольётся: fut. pf. of слиться
сомневаться: to doubt
сомнительный: dubious
сон: sleep; dream
сонный: sleepy
соображать/сообразить: to understand; ponder
соображение: consideration
сообщник: accomplice
соперница: rival (female)
сопеть: to puff
сорок: forty
сорочка: shirt
сорт: quality
сосед: neighbour (gen. pl. соседей)
соседка: neighbour (female)
соседний: neighbouring

соскучиться (pf.): to miss
сослуживец: colleague
составить (pf.): to compose, make up
сосьете: society (from French societé)
сочинять: to compose
сочувствие: sympathy
спальня: bedroom
спасать/спасти: to rescue, save
спаситель: saviour
спать: to sleep
спектакль: performance, show
спеть: pf. of петь
спешить: to hurry, hasten
спит: pres. of спать
сплошь: completely
спокойствие: calm
спорить: to argue, discuss
спорт: sport
спрашивать/спросить: to ask, question
спустя: later, afterwards
сравнение: comparison
сравнивать/сравнить: to compare
среда: Wednesday
среди: among, in the middle of
средний: middle, intermediate
срок: period
ставить в упрёк: to hold it against
ставня: shutter
стадо: herd
стакан: glass; tumbler
становиться/стать (fut. pf.: станет): to become; to begin; to stand, go and stand
стараться/постараться: to try
стареющий: ageing
старик: old man
староста: starosta, village headman
старуха: old woman
старший: senior; старше: the grown-ups
стать: pf. of становиться
стекло: glass

стена́, сте́нка: wall
степе́нный: sedate, pompous
стесня́ться: to be ashamed, feel shy
стог: haystack, hayrick
стоймя́: upright
сто́ить: to cost; be worth; сто́ит то́лько + infin.: one only has to
столо́вая: dining room
столпи́ться (pf.): to crowd
сто́лько: so many
стона́ть: to groan, moan
сторо́жка: lodge; hut
сторона́: side; во все сто́роны: in all directions; со всех сторо́н: on all sides; с одно́й стороны́: on the one side, hand
стоя́ние: position
стоя́ть: to stand; стоя́ла ле́тняя пого́да: the weather was summery
страда́ть: to suffer
стра́нный: strange
Страстно́й понеде́льник: Monday in Easter week
страх: fear, terror
стра́шный: frightening, horrible, terrible
стремле́ние: yearning
стри́женный: shorn; with short hair
стро́йный: slender, shapely
стря́пать: to cook, concoct
стря́хивать: to shake off
стук: knock
сту́каться: to collide
ступа́ть: to go; ступа́й!: go on!
стуча́ть: to knock
стуча́ться: to knock (intrans.)
стыд: shame
стыди́ться: to be ashamed of
сты́дно: ей бы́ло сты́дно: she was ashamed
суббо́та: Saturday
суда́к: pike-perch
судьба́: fate

су́ёт: pres. of сова́ть
суета́: bustle
сукно́: cloth
сукова́тый: knobbly
сунду́к: trunk, chest
супру́г: husband; супру́ги: husband and wife, married couple
супру́га: wife
суро́вый: stern, grim
су́тки: a day (24 hours)
суту́лый: stooping
сутя́га: person fond of lawsuits
сухо́й: dry
су́ша: land
существо́: being
суще́ственный: substantial
существова́ние: existence
существова́ть: to exist
су́щий: real
су́щность: essence; в су́щности: in effect, as a matter of fact
схвати́ть (pf.): to seize, grip
схва́чен: caught
сходи́ть: to call in on, to go to see; to leave
сходи́ться: to meet; get on with
сце́на: scene
счастли́вый: happy
сча́стье: happiness; luck
счёт: bill
счита́ть: to consider
счита́ться: to be considered
сшить (pf.): to sew
съеда́ть/съесть: to eat up
сыгра́ть (pf.): to play
сын: son
сы́паться: to rain, be strewn
сыр: cheese
сы́рость: damp, humidity
сюрту́к: frock-coat
ся́дет: fut. pf. of сесть, see сади́ться

T

тáйна: secret
такóй: such; такóй же: the same
талáнт: talent
талáнтливость: talent, giftedness
танцевáть: to dance
тарéлка: plate
тарúф: tariff
теáтр: theatre
теклá: past of течь
текýт: pres. of течь
телéга: cart
телеграфúст: telegraph clerk
тéло: body
телятина: veal
тёмный: dark
тéнор: tenor
тенорóк: thin tenor voice (diminutive of тéнор)
тень: shadow
тёплый: warm
терпéть: to endure, tolerate
тёс: softwood boards
теснотá: crush, cosiness
тётенька: auntie
тётя: aunt
течéние: course; течéние мыслей: train of thought
течь/потéчь: to flow
тигр: tiger
тúхий: quiet, calm
тишинá: silence
то; тó-есть: that is; то же: the same; -то: an emphatic particle, not always translatable; лунá-то!: what a moon!
товáр: goods
товáрищ: friend, colleague, comrade
товáрищеский: comradely
толпá: crowd
тóлстый: plump; thick
толстáк: fat man
тóлько: only; тóлько что: only just; как тóлько: as soon as

тóмный: languid
тон: tone
тóнкий: thin
топúть: to light, stoke a fire
торговáть (pres.: торгýет): to trade
торгóвец: merchant, trader
торжéственный: triumphant
торжествó: triumph
тороплúвый: hurried
тосклúвый: melancholy, dreary
точúть: to sharpen
тóчно: as if, just as if; exactly
тóщий: skinny
травá: grass
трáур: mourning; в глубóком трáуре: in deep mourning
трéбовать (pres.: трéбует): to demand
тревóга: alarm
тревóжный: troubled, anxious
трепáть (ger.: трепля): to pat
треск: crackle, crack
трéтий: third; трéтьего дня: the day before yesterday; в трéтьем часý: after two, between two and three o'clock
трóгательный: touching
трóгать: to touch, move
тротуáр: pavement, sidewalk
трýбка: pipe
трýбочка: little tube, glass tube; pipe (diminutive of трýбка)
труд: toil, work
трýдный: difficult
труп: corpse
трýпное заражéние: septicaemia, blood-poisoning
трýппа: troupe, company
трýсить: to be frightened
трюмó: long mirror, cheval glass
тряпка: rag
тряпочка: piece, scrap of material (diminutive of тряпка)

140

тума́н: mist, fog
тума́нный: hazy
тупо́й: blunt, dull
туре́цкий: Turkish
ту́склый: dim
ту́ча: storm-cloud, thunder-cloud
ту́чка: small storm-cloud (diminutive of ту́ча)
ты́ква: pumpkin
ты́сяча: thousand
тюль: tulle
тяготи́ться: to feel something a burden
тяжёлый: heavy, oppressive; serious, grave; hard, difficult; painful; мне тяжело́: I am depressed; тяжело́ дыша́ть: to breathe with difficulty
тя́жесть: weight
тя́жко: distressing, excruciating
тяну́ться: to drag on, stretch

У

убеди́тельно: convincingly
убежда́ть/убеди́ть: to convince
убе́жище: shelter
убе́йте: imper. of уби́ть
убива́ться: to be distaught with grief
убира́ть/убра́ть: to tidy up; remove; lay out (a body)
уби́ть (pf.): to kill
убы́ток: loss (financial)
убьёт: fut. pf. of уби́ть
уважа́емый: respected
уваже́ние: respect
увезти́ (pf.): to carry away
уве́ренность: certitude; confidence
уверя́ть: to assure
увесели́тельный сад: pleasure-garden
уве́шать (pf.): to hang with

увида́ть (pf.): to see
уви́деть (pf.): to catch sight of
уви́деться (pf.): to see each other
увлека́ться: to be carried away, interested
угнета́ть: to oppress
уго́дный: convenient; кто уго́дно: anyone; о чём уго́дно: about anything you like; как Бо́гу уго́дно: so God wills; что вам уго́дно: what do you want? whatever you like
у́гол (gen.: угла́): corner, refuge
уголо́к: nook
угоща́ть: to treat
угрю́мо: gloomily
удава́лось; э́то им не удава́лось: they did not succeed in this
уда́рить (pf.): to strike
удержа́ться (pf.): to refrain, restrain oneself, hold back; она́ не удержа́лась: she could not help it
уде́рживать: to detain
удиви́тельно: amazingly
удиви́ться (pf.): to be surprised
удивле́ние: surprise
удовлетворя́ться: to be satisfied
удово́льствие: pleasure
удуша́ющий: suffocating
уедини́ть (pf.): to isolate
уе́ду: fut. pf. of уе́хать
уе́зд: district
уезжа́ть/уе́хать: to go, travel away, leave
у́жас: horror; про́сто у́жас: its simply terrible
ужасну́ться (pf.): to be horrified
ужа́сный: terrible, awful
у́жин: supper; за у́жином: at supper

141

у́жинать/поу́жинать: to have supper

узна́ть (pf.): to recognise; find out

уйти́: pf. of **уходи́ть**

укла́дывать/уложи́ть: to put, lay

укла́дываться: to pack

уклоне́ние: evasion

укра́сть (pf.): to steal

укрыва́ться/укры́ться: to cover oneself, be hidden; **укры́ться с голово́й:** to cover oneself, head and all; hide under the bed-clothes

укры́тый: covered

ули́тка: snail

у́лица: street; **на у́лицу:** out of doors

уложи́ть: pf. of **укла́дывать**

улыба́ться/улыбну́ться: to smile

улы́бка: smile

улы́бочка: little smile (diminutive of **улы́бка)**

уме́нье: ability

уме́ть: to be able, know how to

умере́ть: pf. of **умира́ть**

умиле́ние: tenderness; **приводи́ть в умиле́ние:** to touch

умилённый: moved

умира́ть/умере́ть: to die

у́мненький: clever little boy

умоля́ть: to beg, implore

умоля́ющий: imploring

умыва́ться: to wash one's face

унести́сь (pf.): to be carried away

униже́ние: humiliation, degradation

уни́женный: humiliated

уноси́ть: to carry away

уны́лый: depressing; dejected

уны́ние: despondency

упа́сть (pf.): to fall

упра́ва благочи́ния: stronghold of hypocrisy

управля́ющий + instr.: director of

упрёк: reproach

упуска́ть/упусти́ть и́з виду: to forget, lose sight of

уроди́ться (pf.): to turn out to be

уро́к: lesson

ус (pl.: **усы́**): moustache

уса́живать: to seat

усло́виться (pf.): to arrange

усло́вный: conventional

усмиря́ть (pf.): to suppress

усну́вший: fallen asleep

успе́ть (pf.): to manage have time to

успе́х: success

уста́ть (pf.): to be tired: **я уста́л:** I am tired

устра́ивать/устро́ить: to arrange, organise, fix up

у́стрица: oyster

уступа́ть: to give way to

утеше́ние: consolation

утира́ться: to wipe one's mouth

у́тка: duck

утоли́ть (pf.): to quench

утоми́тельный: exhausting

утоми́ть (pf.): to weary

утомле́ние: weariness

у́тро: morning; **у́тром:** in the morning; **по утра́м:** in the mornings

ухвати́ться (pf.): to snatch

у́хо (pl.: **у́ши**): ear

уходи́ть/уйти́: to leave, go away

уча́ствовать: to take part in

уча́стие: sympathy

уче́бник: text-book

учени́к: pupil, schoolboy

учёный: scientist

учи́тель: teacher

учи́ть: to teach

учи́ться: to be at school, study, learn

ýши: pl. of **ýхо**
ушла́: past of **уйти́,** see **ухо-ди́ть**

Ф

фами́лия: surname
фарфо́р: china
фее́рия: tableau
физионо́мия: face, expression
физи́ческий: physical
фи́ник: date
фиска́л: sneak, tale-bearer
фли́гель: wing, out-building
фо́кусник: conjuror
фона́рик: lantern, lamp (diminutive of **фона́рь**)
фона́рь: lantern
фо́рма: form, shape
фрак: tail-coat
францу́зский: French
фура́жка: peak-cap
футля́р: case, box, shell
футля́рный: box-like, safe
фуфа́йка: jersey

X

хала́т: dressing-gown
хандри́ть: to be surly, have a fit of spleen
хара́ктер: character; **челове́ческий хара́ктер:** human nature
хвали́ть: to praise
хвата́ть: to seize
хва́тит: there is enough
хихи́кать: to giggle
хлеб: bread
хло́пнуть (pf.): to slam
хму́риться/нахму́риться: to frown
хму́рый: gloomy
хозя́йка: hostess, mistress of the house
холоде́ть: to grow cold
холо́дный: cold
холст: canvas

холсти́нка: unbleached linen
хорёк (gen.: хорька́): polecat
хорони́ть/похорони́ть: to bury; attend a funeral
хоро́шенький: nice
хоте́лось ей: she wanted
хоте́ть: to want
хоть: if (she) likes; **хоть пла́чь:** even crying will not help
хохлёнок: Ukrainian child
хохлу́шка: Ukrainian girl
хохля́т: acc. pl. of **хохлёнок**
хохо́л (gen. pl.: хохло́в): topknot; hence, colloquially,: a Ukrainian
хо́хот: loud laugh, guffaw
хохота́ть (pres.: хохо́чет, хохо́чут): to roar with laughter, guffaw
храм: temple, shrine
храпе́ть: to snore
худе́ть: to grow thin
худо́жественно: artistically
худо́жественный: artistic
худо́жество: Art
худо́жник: artist
худо́жница: artist (female)
худо́й: thin
худоща́вый: lean
ху́же: worse
ху́тор: farm

Ц

цвет: colour
целова́ть: to kiss
це́лый: whole; **це́лых пятна́дцать лет:** for a full fifteen years
цель: aim, purpose
цепо́чка: little chain
церко́вный: church (adj.)
це́рковь: church
цивилиза́ция: civilisation
цирк: circus
циркуля́р: circular
циркуля́рно: officially, in a circular

Ч

чай (partitive gen.: чáю): tea
чáйная: tea-room
час: hour; час-другóй: for an hour or two; котóрый час?: what is the time?
чáстный: private
чáсто: often
часть: part
часы́: clock, watch
человéк: person, human being; waiter
человéчек: little man
человéческий: human
чем: instr. of что; чем не квартúра?: its a good enough flat, surely?
чемý: dat. of что
чердáк: attic
чéрез: through, across; чéрез три дня: in, after three days
чернобрóвый: with black eyebrows
чёрный: black
чёрт: the devil
чертá: line, outline
чéстный: honest
честь: honour; в честь егó: in his honour
четвёртый: fourth
чехóл: case, cover
чехóльчик: little cover (diminutive of чехóл)
чин: rank
чинúшка: silly little rank (derisive diminutive of чин)
чинóвник: government clerk, civil servant
чинодрáл: careerist, toady
чúсто: purely
чистотá: cleanliness
чúстый: clean; pure
читáльня: reading room
член: member
чорт: the devil
чтец: reciter

что: what; that; что с тобóй?: what is the matter?; что тебé?: what do you want?;
что-то: something; он что-то рабóтал: he was working at something; к чемý: to what purpose
чтоб: so that
чуб: forelock
чýвство: feeling, sense
чýвствовать: to feel
чýвствоваться: to be felt
чýдиться; ей чýдилось: she seemed to see
чýдный: wonderful
чýдо (pl.: чудесá): wonder, marvel
чýждый: alien to
чужóй: someone else's; alien
чумá: the plague; чумá на рогáтом скотé: cattle plague
чуть не, чуть ли не: almost, practically

Ш

шаг: step, footstep
шаль: shawl
шáпка: cap; fur hat
шёл: past of идтú
шелёвка: boards (less than 2 cm. thick)
шёлк: silk
шёлковый: silken
шептáть: (pres.: шéпчет): to whisper
шéя: neck
шúнка: Ukrainian for marrow
шипéть: to hiss
ширóкий: broad
широкоплéчий: broad-shouldered
широкопóлый: wide-brimmed
ширь: expanse, extent
шúтый: embroidered
шла: past of идтú
шлёпать: to splash
шляпа: hat

шля́пка: hat (diminutive of шля́па)
шмыгну́ть (pf.): to dart
шо́пот: whisper
шта́тское пла́тье: civilian clothes
шум: noise
шуме́ть: to rustle; make a noise, be noisy
шу́мный: loud, noisy
шурша́нье: rustling
шурша́ть: to rustle
шути́ть: to joke
шу́тка: joke

Щ

щади́ть: to spare
щегольско́й: dandified
щека́ (pl.: щёки): cheek
щели́стый: full of cracks
щи: cabbage soup
щипа́ть: to tweak
щу́рить глаза́: to screw up one's eyes

Э

эгои́ст: egoist
экземпля́р: copy; получи́ть по экземпля́ру: to receive a copy each

экспрессиони́ст: Expressionist
элеме́нт: element
э́пос: epic
эта́ж: floor, storey
э́такий: such
этю́д: sketch
эх!: ugh!
эшафо́т: scaffold

Ю

ю́бка: skirt
ю́ношество: young people

Я

явле́ние: phenomenon, manifestation
я́вный: evident
язы́к: language
я́мочка: dimple
я́ркий: bright
я́сный: clear; intelligible
я́щик: box; drawer